LOU REED
Walk On The Wild Side

Du même auteur :
Lou Reed et le Velvet Underground (Librio, 2001)
The Rolling Stones - On stage (GM Éditions, 2019)
New York Dolls - Love, L-U-V! (Éditions du boulon, 2021)
The Rolling Stones - It's a gas, gas, gas! (Éditions Rock&Folk, 2022)

Seven inches ou sept pouces. C'est la dimension d'un 45 tours. Ces galettes en vinyle qui s'achetaient comme des bonbons, des années quarante jusqu'à la moitié des années quatre-vingt-dix. Un 45 tours, c'est, outre 1 chanson (voire 2 ou 3), mais c'est surtout une plongée dans des souvenirs, dans des émotions qui remontent à la surface. Le 45 tours est un repère culturel, émotionnel extrêmement puissant. Cette collection s'applique à raconter des 45 tours mythiques qui ont façonné à jamais le cours de l'histoire de la musique. 128 pages. Une Face A. Une Face B.

Couverture : Édition espagnole « Walk On The Wild Side »
Réf. : RCA Victor - 3-10925, 1973
ISBN : 978-2-48727-046-6

Collection seven*inches* : 7inch010
leboulon.net

LOU REED
Walk On The Wild Side

Bruno Juffin

seveninches
by Le Boulon

« Lou Reed, Lou Reed,
Lou Reed, Lou Reed,
Lou Reed, Lou Reed... »
« Lou Reed » par Luke Haines

Avant-propos

L'enjeu est de taille. Et la responsabilité terrible : le monde, le rock va le conquérir, la culture d'antan, il va la balayer, l'utopie il va la mettre au pouvoir ; derrière cette évidence, une décennie de chefs-d'œuvre – avec, pour le retardataire, un menu inconvénient ; tout écouter, tout comprendre, combler de béantes lacunes, c'est un foutu boulot. Et prendre cette tâche à la légère, durant l'hiver de 1971/1972, ça ne se fait pas, mais alors vraiment pas - à Londres, où un copain et moi débarquons de notre province, les salles de concert tiennent autant de l'école que de l'église ; du Marquee à la Roundhouse et au Royal Albert Hall, les mêmes visages concentrés, recueillis, pénétrés de l'importance du moment. Lequel, sait-on jamais, pourrait être historique ; Van Der Graaf Generator, Hawkwind ou Captain Beefheart, ça n'est pas parce que nous sommes arrivés cancres que nous entendons le rester.
Et puis vient le printemps – et, dans mon souvenir, le sourire. Un sourire éclatant, lumineux, libérateur, découvert sur une scène de banlieue ; au Greyhound de Croydon - avec, en apéritif, Roxy Music - David Bowie est un Martien positivement solaire. Et pour cause. Une éternité d'infructueux efforts et là, aujourd'hui, ce soir, ça y est – single

à succès, album de l'année, la légende qui ouvre les bras. Bowie un jour lambda, c'est le charme incarné, Bowie sur un nuage, il vous vendrait n'importe quoi – ses chansons, à tomber, et celles des autres, qui ne sont pas mal non plus ; en sortant, le refrain qui nous trotte sur les lèvres est celui de « I'm Waiting for the Man ». L'auteur, nous en ignorons tout, mais l'attente – « *First thing you learn is that you always got to wait* » – ne va, cette fois, pas être bien longue ; le 14 juillet, direction le King's Cross Cinema, ouverture des portes à minuit. Confession : mon premier concert de Lou Reed, je le passe, pour partie, dans un rêve – un vrai, de ceux que l'on fait en dormant. Et pour cause : non content de monter sur scène au milieu de la nuit, le mauvais plaisant y peuple son début de set de ballades/*lullabies*, effet narcotique garanti ; au réveil, le songe continue ; sensation dominante, l'étrangeté de ce chanteur en noir, de sa présence immobile au milieu de guitaristes survoltés et tout de satin vêtus - pour ce qui est de sa voix, et du pouvoir hypnotique d'icelle, j'en ai fait l'expérience. En guise de *breakfast*, séquence *débriefing ;* impressions à chaud : un drôle de phénomène, insituable dans un paysage allant du baladin avec cœur sur la main au rockeur avec virilité sur la table ; conclusion provisoire, « I'm Waiting for the Man » sera, sans conteste, notre tube de l'été.

Pour l'entendre une troisième fois, je retourne, fin juillet, au Greyhound ; même à une heure décente, Lou reste insaisissable, distant et séducteur, ici et ailleurs à la fois ; en ce qui concerne ses refrains, c'est plus simple – une fois qu'on les a dans le crâne, ils y sont pour rester.
La preuve, six mois plus tard, avec un hit, un vrai, *radio friendly* en diable. Un hit, avec sur la pochette une photo, prise au King's Cross Cinema et appelée à devenir célèbre. Un hit, dont l'insigne mérite est d'ouvrir, en grand et à tout un chacun, la porte d'un monde nouveau. Un monde où le rock est fun, flashy et gaiement licencieux ; en guise de bréviaire, « Walk on the Wild Side » ; dans le rôle du maître à mal-penser, Lou Reed. Sidérant parcours, providentielle sortie du souterrain : soudain, des fans de Lou partout, avides de prendre dans ses disques des leçons d'insoumission. Car « Walk on the Wild Side », single subrepticement sexe et indubitablement drogue, pratique, sourire aux lèvres, l'art de l'évasion – Lou, c'est Houdini chanteur ; les contraintes du single, il leur échappe vite fait ; si la chose fait scandale, seuls s'en offusqueront les gardes-chiourmes. Et prendre le large, les gamins glam s'y emploient – dire bye-bye au didactisme folk, à la fatuité prog, aux pensums *peace & love,* Lou les y autorise ; pour les aider, l'arme anti-orthodoxie ultime, une cure de Velvet Underground.

Cours de rattrapage : l'avenir du rock, il s'est, en secret ou presque, écrit à New York et six ou sept ans plus tôt ; d'un seul coup, une ville-monde à découvrir, d'immenses et mystérieux disques à explorer ; première étape, suivre les petits cailloux que sème « Walk on the Wild Side », grimper, sur l'air de « *doo de doo, de doo de doo doo* », l'escalier de Max's Kansas City, y faire connaissance avec Holly, Candy, Jackie et Little Joe...

À l'automne de 1973, il ne reste, pour ne pas aimer « Walk on the Wild Side », qu'un unique rabat-joie : l'auteur *himself*, qui trouve son invitation à fredonner trop légère, trop frivole, trop facile d'accès ; juré craché, il va, dorénavant, être un artiste sérieux ; résultat imminent, *Berlin*, ses gosses en larmes et ses fans en fuite. R.I.P. le glam, occis par la cocaïne et le culte du moi : Bowie licencie Mick Ronson, Bryan Ferry lourde Brian Eno, Lou Reed vire Lou, ou du moins la version pop star du phénomène – pour les adorateurs des *early seventies*, la gueule de bois commence. Et le travail de deuil aussi, qui prendra un certain temps - en témoigne le présent petit livre, « *doo de doo* » dictionnaire d'une chanson, précieuse, et d'une époque, qui ne le fut pas moins.

Alice Tully Hall, 1941 Broadway

Dans les couloirs de métro, un visage fardé, placardé à des milliers d'exemplaires ; chargée de drainer fans de toujours et récents convertis, une question : « Seras-tu toujours underground quand Lou Reed émergera à l'Alice Tully Hall ? » En d'autres termes, *be there or be square,* réponds présent ou fais ton deuil de ta crédibilité rock. Et ce jusqu'à la fin des temps.

Le lieu de rendez-vous, c'est un monument d'architecture brutaliste, sis à la lisière du Lincoln Center, soit du complexe culturel le plus prestigieux de Manhattan. En ce 27 janvier 1973 le mélomane local affronte un sérieux dilemme : dans un périmètre restreint, Pierre Boulez dirige le New York Philarmonic – au menu, Mozart – et le Metropolitan Opera propose *La Bohème ;* pour remplir à deux reprises les trois mille places de l'Alice Tully Hall, mieux vaut avoir à l'affiche une pointure. Qui, si possible, sache se faire désirer : en plus de deux ans, nul n'a vu Lou Reed sur une scène newyorkaise ; sa dernière apparition remonte à août 1970, le jour – marqué d'une noire obélisque – où le Velvet a donné son ultime concert. Au Max's Kansas City, devant une poignée d'habitués et touristes - « *Hello... We're called the Velvet Underground, you're allowed to dance in case you don't know it...* » - un album lo-fi en diable en préserve le précieux souvenir. Ensuite, éclipse. Puis, par un de ces renversements de situation dont est friande l'Amérique – où, entorse à la jurisprudence Fitzgerald, nombre de vies ont droit à un second acte -, comeback. Et, en la circonstance, New York comeback, la forme la plus périlleuse du retour en fanfare ; à trente ans – et vêtu d'autant de cuir noir qu'Elvis lors de sa résurrection à lui, survenue en 1968 – Lou entame la carrière de pop star que l'une de ses nouvelles chansons rend possible.

Verdict de la presse : ça le fait. Le *New York Times* salue des strophes dont « la réalité transcende le moralisme facile » ; séduit par l'allant du juvénile *backing band*, le *Village Voice* note qu'à deux reprises le public, debout, exige à grands cris un rappel – du jamais vu du temps du Velvet. Ce succès populaire tient pour l'essentiel à une invite à fredonner : par le miracle de cinq affriolants couplets, d'un fabuleux refrain et d'une production féerique, « Walk on the Wild Side » marque la sortie du placard de l'underground, de ses figures de proue et de ses mœurs du troisième type ; éminence grise de la chanson, Andy Warhol mesure à l'Alice Tully

Hall l'impact de l'imaginaire qu'il a en commun avec Lou.

> *Bonus Track* : En 2020 sort un double LP en édition limitée ; sur Lou Reed Live at Alice Tully Hall, January 27 1973, Manhattan a droit à sa première version en concert d'une chanson qui lui donne une voix, « *New York City's the place/ Where they say "Hey babe,/ Take a walk on the wild side"...* » - Lou, providence des agences de voyage.

Algren, Nelson (1909-1981)

Au départ, un coup de téléphone et un passage de pommade. « Allo Monsieur Reed, nous pensons que vous êtes une personne rock'n'roll particulièrement littéraire... » Ce dont, en 1970, pas grand monde ne doute ; pour s'en tenir au premier album du Velvet, la chasse au dealer de « I'm Waiting for the Man » évoque plus qu'un peu le début du *Howl* d'Allen Ginsberg – où il est question de se « *traîner à travers les rues nègres à l'aube, en quête d'une furieuse piqure* » (« *crawling through the negro streets at dawn, looking for an angry fix...* ») -, « Venus in Furs » emprunte son titre à Sacher Masoch et Delmore Schwartz se voit dédier « European Son ». Pas mal pour un seul trente-trois tours, et n'est qu'un début : les albums ultérieurs de Lou recevront les visites de Shakespeare, de James Joyce, d'Edgar Poe et du dramaturge allemand Frank

Wedekind – ces deux deniers ne se contentant pas de passer en voisins, *The Raven* et *Lulu* sont là pour en témoigner. D'où vient alors le courroux de Lou, qui, couvert de compliments, rembarre illico le type au bout du fil ? D'abord, l'importun et ses associés ont le mauvais goût de lui trouver un égal – Ray Davies, Kink en chef et auteur d'une épatante guirlande de chefs-d'œuvre, rayon pop anglaise - ; ensuite, le deal proposé au téléphone consiste à « prendre le livre de Nelson Algren, *A Walk on the Wild Side*, et à en tirer un truc musical pour off Broadway. » Version des faits signée Lou, et longuement détaillée sur *Live Take no Prisoners* (1978), l'un des albums en public les plus simultanément bavards et bidonnants de l'histoire du rock - sur le plan musical, il n'est pas mal non plus - ; au Bottom Line, où a lieu l'enregistrement, Lou y va franco, question rogne : « Je leur ai dit, vous déconnez les mecs, ça parle d'infirmes dans le ghetto, mais vous êtes quel genre de tordus, des dingues ou quoi ? »
Avortement du projet, mais il ne faut pas gâcher – ni, redressement de torts oblige, rater l'occasion d'aujourd'hui nuancer le propos de Lou ; si *A Walk on the Wild Side* (en V.F., *La Rue chaude*) met bien en scène un cul-de-jatte, Legless Schmidt a un foutu punch, et Nelson Algren itou – à la fin du roman, une dévastatrice baston de bar voit

l'individu réduire en charpie le héros, puis, au terme d'une pointe de vitesse sur planche à roulettes, à son tour finir en bouillie ; bilan, un mort, un non-voyant et le lecteur au tapis. Moins connu en France pour son écriture que pour ses amours avec Simone de Beauvoir, Algren reste l'un des grands du roman américain, option rage et poésie de la débine ; peuplés de *hobos*, de *hillbillies*, de fleurs du trottoir et d'addicts de tout poil, ses livres font d'excellents candidats à la redécouverte.

> *Bonus Track* : au bout de cinq lignes, *A Walk on the Wild Side* met en scène un gars doté d'un esprit de contradiction tel que, « si on le balançait dans la rivière, c'est vers l'amont qu'il flotterait. » À méditer pour quiconque s'intéresse un peu, beaucoup ou passionnément à la vie et à l'œuvre de Lou Reed.

Apollo Theater, 253 East 125th Street

Se balader du côté sauvage, c'est bien. Y danser, c'est encore mieux, à condition que ce ne soit pas n'importe où - question de partenaires, d'ambiance et de musique. Pour vraiment s'éclater, Lou a une adresse fétiche. Et, dans « Walk On the Wild Side », nous la communique avec sa coutumière obligeance : « *Went to the Apollo / You should have seen them go go go...* » - un but, se lâcher, s'éclater, guincher comme des malades.

Destination Harlem donc. Et la 125e rue pour être précis. Comme au début de « Waiting For the Man », mais avec le temple de la musique noire qu'est l'Apollo Theater on est quelques *blocks* plus à l'ouest – le croisement de la Huitième avenue remplace celui de Lexington - et la dope a changé. Bye-bye l'héroïne, bonjour la soul. Une drogue qui a pour vertu de rendre Lou lyrique ; une veille de Super Bowl, c'est en ces termes qu'il en parla à l'auteur de ces lignes : « J'ai toujours adoré le rhythm'n'blues, c'est la musique que j'écoutais quand j'étais gosse. Si seulement je pouvais chanter comme Al Green ou Otis Redding ou James Brown quand il était encore lui-même et pas la version en circulation de nos jours. Otis Redding ! Qui sait ce qu'il pourrait faire s'il était encore en vie aujourd'hui ? Est-ce que « Try A Little Tenderness » n'est pas un des plus grands disques jamais enregistrés par un être humain ? L'écouter est une expérience transcendante, après, vous n'êtes plus le même homme... » (propos recueillis pour *Les Inrockuptibles,* février 1996). De ce pouvoir de transformation, un single témoigne : quand, en 1986, le « Soul Man » de Sam & Dave devient un film – dès sa sortie vilipendé pour délit de *blackface* – c'est Lou qui, en mode Stax Records, donne sur la BO la réplique à Sam Moore. Et, ses lunettes les plus noires sur le nez, s'en sort mieux que pas mal : la scène de l'Apollo, il s'y produit enfin. Ou presque.

Post-mortem, ce sera bel et bien le cas : cinquante jours après le décès de Lou – soit au moment où, pour le bouddhisme tibétain, l'esprit des disparus renaît sous forme d'énergie - c'est à l'Apollo que ses refrains vivent leur vie. Pour les interpréter, Patti Smith (« Perfect Day), Paul Simon (« Pale Blue Eyes »), Debbie Harry (« White Light White Heat ») Antony Hegarty (« Candy Says ») et l'auteur des chansons en personne, présent sur grand écran le temps de « Sweet Jane » - en ce début de millénaire nouveau Jack et Jane portent encore et toujours corset et gilet. En final, tout le monde sur scène, à la batterie Moe Tucker et à la guitare Lenny « *Nuggets* » Kaye – l'homme qui, en 1970, signa dans le magazine *Rolling Stone* une chronique enflammée de *Loaded* et qui, ce soir, s'adjuge au micro un fragment de « Sister Ray » : « *She's too busy suckin' on my ding-dong* », Lou y-es-tu, m'entends-tu, approuves-tu ? L'underground de downtown et Harlem jumelés - sous l'égide de Lou Reed, *who else?*

Backroom, Max's Kansas City, 213 Park Avenue South

Des backrooms, le Manhattan gay en compte un certain nombre, entre la 14e rue et Houston en particulier. Mais « *the backroom* », celui de « Walk on the Wild Side » et de son élue des cœurs – « *In the backroom she was everybody's darling* » -, il n'y en a qu'un, et c'est au Max's Kansas City qu'il se cache. Des années durant, Max's est la cantine de Lou, son port d'attache et un précieux poste d'observation ; la préface du premier livre consacré à l'établissement, *High on Rebellion, Inside the Underground at Max's Kansas City* (1998), c'est lui qui la signe. Car Lou a la reconnaissance du ventre – et un panthéon de disparus, où le patron de Max's, Mickey Ruskin (1933 – 1983) a pour commensaux ses deux pères d'élection, Delmore Schwartz et Andy Warhol. Durant les saisons de vaches maigres – peau sur les os, gueule de décavé – c'est Mickey qui lui permet de crouter, gratos. Pas terrible, la carte,- « steak craignos et salade dégueu » - mais le maître des lieux fait montre d'une indulgence illimitée envers les artistes, les soiffards et les saltimbanques, « la brigade noire qui, dixit Lou, jamais ne voyait le soleil ».

Max's - « *steak lobster chick peas* » - c'est, à partir de 1965 et à une traversée d'avenue de Union Square, un bar/restaurant, avec, plus tard et à l'étage, une discothèque/salle de concert. Rien que de très banal – sauf que, au bout du bar, une arrière-salle ouvre en 1966. Et que, pour pénétrer sous ses néons rouges, il faut avoir la carte, surtout quand l'endroit se mue en quartier général des piliers de la Factory, sise à partir de 1967 à deux pas ; dans *Just Kids,* Patti Smith raconte comment elle dut, en compagnie de Robert Mapplethorpe, s'en remettre à l'intercession d'un habitué pour y être in extremis admise. La *backroom* – en un ou deux mots, l'orthographe a ses humeurs –, c'est un genre de saint des saints (auréole optionnelle), doté, pour veiller sur son entrée, d'une succession de cerbères : naissance d'une aristocratie *sex, drugs and rock'n'roll,* avec, pour lui apporter ses cheeseburgers, une serveuse nommée Debbie Harry et, à la console du DJ, la première chanteuse transgenre du rock new-yorkais, Wayne/Jane County.

Quidam, passe ton chemin ; Andy Warhol, Mick Jagger, Iggy Pop, quelques peintres et écrivains, un assortiment de New York Dolls et les « superstars » de la Factory sont *very welcome*, le pékin du New Jersey un peu moins – un hédonisme de caste propre à nourrir une noire légende ; avec « Walk on the Wild Side », les juke-boxes fleurent bon le soufre et l'élitisme. Et continueront à le faire longtemps après la fermeture du Max's des origines, survenue au mitan des années 1970.

Blackburn, Tony

Un autre DJ, britannique celui-ci. Recalé de l'industrie du disque – une poignée de tentatives, autant de flops – Tony accède à la notoriété au temps des stations pirates ; animateur sur Radio Caroline, il passe lors de sa fermeture forcée à la BBC. Pas celle des années 2000, progressiste à tout-va, mais celle à laquelle son traditionalisme vaut d'être surnommée *Auntie ;* moins gâteau que gâteuse, la tata de l'audiovisuel a pour came la camomille. Et, partant, un problème avec certaine tranche d'âge ; afin de combler ce déficit d'image, elle lance en 1967 Radio 1 ; premier à intervenir à l'antenne, Tony. Le genre de jeune qui rassure ; sa pop, il la préfère gentillette, limite *middle of the road.* Las, les *early seventies* sont perverses, et leurs ritournelles piégeuses ; sur la foi d'un « *doo doo doo* » flatte-tympans, Tony fait de « Walk on the Wild Side » son *Single of the Week* – passages en boucle, ascension des *charts,* flirt avec le Top Ten. Début d'une carrière de 45 tours de Troie ; ce que parents et *kids* entendent à son écoute n'a rien à voir - objet du malentendu, les sucettes triple X d'un Gainsbourg d'Amérique.

> *Bonus Track* : en 2009, *Walk on the Wild Side* devient le titre d'une émission de la BBC, versant télé. Son ressort, le comique animalier ; pour entendre parler d'une voix humaine toutous, matous, gentils dauphins et girafes, c'est ici que ça se passe.

Bowie, David (1947-2016)

Au printemps 1966, un gandin de dix-neuf ans tape dans l'œil d'un homme d'expérience, vétéran du D-Day et du showbiz londonien. Le groupe jouant en ce 17 avril au Marquee – The Buzz, des affolés des Who - ne vaut pas tripette mais leur *frontman* en jette ; sur un coup de cœur, Kenneth Pitt prend en main la carrière de David Bowie. Qui, l'hiver venu, reçoit de lui un inappréciable présent.
Détour du côté du monde des arts : amateur de peinture, Kenneth profite d'un voyage à New York pour visiter en décembre 1966 la Factory, où le hasard veut qu'il croise un chanteur prometteur. Lequel chanteur prend son mal en patience – façon de parler, s'agissant de Lou Reed : enregistré six mois plus tôt, *The Velvet Underground & Nico* n'est, pour un problème de pochette, toujours pas sorti ; afin d'en assurer la promotion, Lou confie à Ken un

test pressing. La suite appartient à l'Histoire : début avril 1967, le nouveau groupe de David Bowie – The Riot Squad – est en studio ; au programme, l'enregistrement de « Little Toy Soldier ». Dans les rôles principaux, un jouet mécanique, une fillette, un fouet et le fantôme de « Venus in Furs ; bien que tout ça se finisse très mal, l'auteur/compositeur/interprète a un max de fun – surtout au moment d'emprunter paroles et phrasé à celui qui est devenu son songwriter préféré, « *Taste the whip, in love given not lightly / Taste the whip and bleed for me...* ». Équitable retour des choses : en 1972, c'est au tour de Lou de passer une saison sous l'influence de son fan numéro un – et, grâce à leur collaboration sur « Walk on the Wild Side », de dire adieu aux fins de mois difficiles.
Retour sur une rencontre aussi fructueuse que longtemps différée. En janvier 1971, David s'offre, en solo, son premier voyage aux États-Unis. À New York, le Velvet Underground est à l'affiche ; destination St Mark's Place et son Electric Circus (ex-Dom), où le visiteur assiste à un chouette concert – et, sous le coup de l'émotion, se débrouille pour, enfin, faire la connaissance de Lou Reed. Entrevue courtoise ; le fan est transi, son idole affable, le rêve se fait réalité – a ce détail près que le leader de cette sympathique version du Velvet se nomme Doug Yule, et qu'en l'apprenant David rit beaucoup de

s'y être laissé prendre. Révélation : faire un bon Lou Reed, ça n'est pas si difficile que ça ; en juillet, David enregistre « Queen Bitch » – des innombrables pastiches du Velvet le plus précoce, canaille et convaincant, « *Some White Light, returned with thanks* », la pochette de l'album *Hunky Dory* le précisera un peu plus tard. Entre l'enregistrement et la sortie de la chanson, le vrai Lou entre en scène. En septembre, David est de retour à New York, pour un voyage promotionnel cette fois ; prise de pension à Max's, opération charme – fastoche, le *London boy* en déborde -, naissance d'une galaxie de complicités. Par l'intermédiaire de Danny Fields – soit de l'homme qui découvrit les Stooges – David fait la connaissance d'Iggy Pop ; par l'entremise de la journaliste Lisa Robinson, lui et son épouse obtiennent un dîner avec Lou et sa moitié ; entre le fan et le semi-retraité du rock, l'entente est d'autant plus cordiale que l'adulation, le second n'a rien contre. Et le succès non plus ; après le naufrage commercial de son premier album solo, Lou accepte, l'été suivant, de confier son destin artistique à David.

Première manifestation de leur alliance, une apparition commune au Royal Festival Hall de Londres, où David, en passe de devenir l'homme de l'année, est la tête d'affiche d'un concert écolo/caritatif ; invité spécial, Lou le rejoint sur scène ;

au programme, « White Light/White Heat », « I'm Waiting for the Man » et « Sweet Jane » - les deux premiers titres, David les interprète depuis des années et à la moindre occasion ; le troisième, il s'apprête à le faire reprendre par Mott The Hoople. L'excellence musicale, ça aide ; une magistrale campagne de pub, ça fait des miracles. Le 16 juillet, conférence de presse au Dorchester Hotel ; temps forts, le bécot que Lou plante sur les lèvres de David et une déclaration de ce dernier : « Toute société autorisant des gens comme Lou et moi à sévir est à peu de choses près foutue. Nous sommes l'un comme l'autre des types perturbés et paranos – de vrais désastres ambulants... Si nous sommes la tête de pont de quelque chose, le quelque chose en question est loin d'être nécessairement positif... ». Super, comme teaser ; quand « Walk on the Wilde Side » sort en single, les consciences teenage sont prêtes pour leur dose de dope, de travestisme et de fantaisies bucco-génitales.

Bonus Track 1 : « Every Picture Tells a Story », c'est Rod Stewart qui le chante ; pour en témoigner, la célébrissime photo - prise au Dorchester – sur laquelle David, Iggy et Lou s'épaulent de très confraternelle manière ; quatrième larron, l'hôte du T-shirt d'Iggy, un certain Marc Bolan.

Bonus Track 2 : Officiellement, le concert du Royal Festival Hall a pour objet de recueillir des fonds en faveur des baleines ; pour les cétacés, on ne sait pas,

mais pour Lou il va avoir un impact majeur.
Bonus Track 3 : Nota bene : dans les sémillantes versions de « I'm Waiting for the Man » que David enregistre au début des seventies pour la BBC, l'objet de la quête change. Moins d'opioïdes, plus de stupre, « *I'm just looking for a good friendly behind...* »

C

Camp

De tous les adjectifs le plus glam. Le plus sémantiquement vagabond aussi ; rétive aux tentatives d'assignation à domicile, la *camp attitude* – fluide, fuyante, fantasque – s'observe à l'œuvre plus qu'elle ne se définit. Et en profite pour devenir verbe. Sur scène – comme sous les plumes des meilleurs journalistes rock d'Albion - David et Lou « *camp it up* » ; en d'autres termes, ils font, avec la pointe d'ironie de rigueur, assaut de poses, œillades et mimiques féminines. Cette tradition du garçon/fille est en Angleterre aussi vieille que les arts du spectacle – ou que les excès de boisson,

qu'ils aient pour prétexte une fête de quartier ou une virée au pub ; sur la planète pop, Mick Jagger et les frères Davies excellent dans l'art du *camp*, Joe Cocker et Roger Daltrey nettement moins ; les lèvres chambre à air et le poing sur la hanche, ce n'est pas trop leur truc.
Aux États-Unis, la notion se prête à la glose universitaire plus qu'à l'illustration en public – sauf que fin 1972, une génération de *young Americans* vire *camp*, et « Walk on the Wild Side » y est pour beaucoup : d'un seul coup, les filles adorent les garçons qui leur ressemblent, et les garçons en profitent. Avec ses années Factory – d'aucuns l'y surnommèrent « Lulu » -, l'auteur de la chanson a pris un poil d'avance, lors de ses concerts, des bribes de gestuelle à la Jagger rappellent que Lou n'a rien, vraiment rien contre les Rolling Stones. Problème : la boisson ou la sveltesse, il faut choisir ; pour cause de *pounds* en trop, le chanteur renonce fin 1973 à la pratique de l'entrechat.

Capalbo, Carmen (1925-2010)

De 1955 à 1961, *L'opéra de quat'sous* fait un tabac à New York : plus de 2 600 représentations, un record pour un spectacle off-Broadway ; sûr de son fait, le producteur du spectacle décide, dix ans plus tard, d'adapter une autre œuvre du duo Bertold

Brecht/Kurt Weill, *Grandeur et décadence de la ville de Mahagonny*. Patatras : au bout d'une semaine, les représentations s'arrêtent, faute de public ; sur la paille, Carmen Capalbo renonce à financer une version théâtrale de *A Walk on the Wild Side* – seul à plus tard tirer parti du projet, l'auteur-compositeur pressenti, un certain Lou Reed.

> *Bonus Track 1* : Les hauts et les bas d'une carrière au théâtre, Lou les connaît par cœur. Et en tire avec « Wild Child » la meilleure chanson de son premier album - « *The life of the theater is certainly fraught / With many spills and chills* », une carrière sur scène, c'est gadins et sueurs froides.

Chelsea Hotel, 222 West 23rd Street

Avant les filles de Max's Kansas City, il y a eu celles de l'Hôtel Chelsea, filmées par Warhol et mises en chanson par Lou. Cosigné par Sterling Morrison et offert à Nico pour son premier album, « Chelsea Girls » croque, cinq ans avant « Walk on the Wild Side » une première liste de portraits *made in Factory* – Brigid (Berlin), Ingrid (Superstar), Mary (Woronov), Ondine (né Robert Olivo, tire son pseudonyme de la pièce de Giraudoux) ; pour épicer cette ballade toute en violons, flûte et dentelles, ce qu'il faut d'amphétamines et une chambre pleine de fouets.

Colored girls

Pour faire « *doo da doo da doo doo da doo da doo* » sur son seul et unique *hit single,* Lou embauche des filles de couleur. C'est du moins ce que dit la version canonique de « Walk on the Wild Side », et que confirment les *Collected Lyrics* revues et approuvées par l'auteur. Par mesure de précaution, certaines stations radio reçoivent toutefois des versions expurgées de toute allusion à une teinte d'épiderme ; en 1972, on ne badine déjà plus avec le vocabulaire.

Un demi-siècle plus tard, la balade sur le côté sauvage continue de susciter des vocations de censeurs : dans son édition du 20 mai 1917, le *Guardian* nous informe qu'à l'université de Guelph (Ontario), une association d'étudiants vient de se confondre en excuses pour avoir intégré « Walk on the Wild Side » à sa playlist. Et, via Facebook, de battre sa coulpe : « Nous avons maintenant pris conscience du fait que les paroles de cette chanson sont source de douleur pour nos amis de la communauté trans... » Suit une invitation à venir échanger états d'âme et tourments ; commentaire de Hal Wilmer, ami de vingt ans du fauteur de troubles : « Je ne sais pas si Lou éclaterait de rire ou fondrait en larmes, tellement c'est affligeant. »

| *Bonus Track :* Les étudiants de Guelph n'ont, à ce jour,

toujours pas donné leur opinion sur « I Wanna Be Black », la chanson dans laquelle Lou clame son envie d'être noir – et, à ce titre, d'enfin « *avoir le rythme dans la peau / Et balancer du foutre à vingt pieds* ». Tout ça parce qu'être un « étudiant bourge et coincé », c'est moins fun que d'avoir « un étudiant bourge et coincé » - précision apportée en 1978 sur l'album *Street Hassle.*

Curtis, Jackie, (1947-1985)

Une décennie avant que « Walk on the Wild Side » ne lui fasse faire des excès de vitesse – et d'amphétamines, « *Jackie is just speeding away / Thought she was James Dean for a day...* » - Jackie Curtis (née John Holder Jr.) se risque dans un haut-lieu du théâtre tout sauf classique ; au Café La MaMa, naissance, à dix-sept ans, d'une vocation de dramaturge. Et d'actrice, ou d'acteur peut être ; au gré des circonstances *il* ou *elle*, Jackie refuse les étiquettes – garçon, que nenni, fille, pas davantage, pédé, faut voir, drag-queen, pas vraiment, transsexuel, non merci. Une identité, c'est fait pour varier ; un look aussi : dans le bar de sa grand-mère – Slugger Ann, tenancière de bistrot et à ses heures boxeuse, les *mean streets* du Lower East Side en ont décidé ainsi – Jackie porte un jour T-shirt à la Marlon Brando, le lendemain robe des années 1930. Le théâtre et le cinéma, c'est la vie de Jackie, devant les caméras, sur les planches ou stylo en main. S'ensuivent d'intéressantes rencontres : en juillet 1968, la deuxième pièce de Jackie, *Glamour, Glory and Gold,* offre à Robert de Niro son premier rôle – ou plutôt ses premiers rôles, car il en interprète dix, ce que note l'envoyé favorablement impressionné du *New York Times.* Dans la salle, des spectateurs de renom : en septembre de la même année, le duo Andy Warhol/Paul Morrissey sort – en catimini, la censure veille - le premier volet de sa trilogie cinématographique *Flesh/Trash/Heat ;* à l'affiche, Jackie, Candy Darling et Joe Dallesandro ; en 1971 Jackie, Candy et Holly Woodlawn deviennent dans *Women in Revolt* – titre initial, *Andy Warhol's Women* – un trio d'enragées féministes ; pucelle pour les besoins du scénario, Jackie engage un gigolo, histoire de « découvrir contre quoi nous nous battons ». Sensible à l'humour de la chose, le *New York Times* salue « un soap opera déjanté » ; rien de ce qui est déjanté n'étant étranger à Lou, « Walk on the Wild Side » fournit aux trois *superstars* les rôles qui les feront pour de bon passer à la postérité, et en réserve en sus un à Joe – qui, lui, s'en serait bien passé.

> *Bonus Track* : Derrière l'absence de nuance avec laquelle *Women in Revolt* flingue le féminisme et ses militantes – Jackie et ses copines y œuvrent au sein des *Politically Involved Girls,* en trois lettres PIG - une tentative d'assassinat. En juin 1968, Valérie Solanas

se rend en quête de subsides à la Factory ; priée de quitter les lieux, elle tire une balle dans la poitrine d'Andy Warhol, qui ne s'en remettra jamais complètement. Au terme du subséquent procès, l'auto-éditrice du *SCUM Manifesto* – SCUM pour « *Society For Cutting Up Men* », de la castration comme d'un geste politique – écope de trois ans de prison, suivis de divers séjours en HP ; d'une mansuétude à géométrie variable, Lou aurait préféré une autre solution : « *I believe I would have pulled the switch on her myself* », « je crois que je l'aurais faite griller moi-même » (« I Believe », sur l'album cosigné avec John Cale en hommage à Warhol, *Songs for Drella,* 1990).

D

Dallesandro, Joe

Au printemps 1971 – celui où « Walk on the Wild Side » commence à prendre forme - Lou écrit sans cesse ; chansons, poèmes, nouvelles, articles de journaux, tout lui est bon. Dans le numéro de juin du magazine *Crawdaddy,* il détaille, plume en main, les bienfaits de la célébrité : « Une vraie star peut aller à Max's et se faire saluer par tout le monde...et se faire interviewer par *Rolling Stone*, peut-être même avoir droit à la couverture... ». Cette position convoitée, un autre habitué de Max's vient de l'occuper : en avril, la publication rock la plus lue d'Amérique a mis en une les biceps les plus bankable du moment – ceux de Joe Dallesandro, une découverte de l'équipe Andy Warhol/Paul Morrissey ; sous la photo, une légende, « *Natural Man* ». Rivalité ? La version finale de « Walk on the Wild Side » esquisse de Joe un portrait sensiblement moins flatteur.

Entrevus au début de « I'm Waiting for the Man », les dollars sont à nouveau de sortie : quand Joe paraît, tout le monde raque, douille, aligne les *greenbacks* – « *Everybody had to pay and pay* ». Nouveauté : la marchandise, ici, n'est plus la drogue mais un corps – lequel suscite son lot de coups de chaud : pour le critique cinéma du *New York Times,* la seule vue de Joe fait « perdre les pédales aux hommes comme aux femmes » ; pour celui du *Village Voice,* la nature l'a doté d'un « cul gréco-romain ». Autrement dit un chef-d'œuvre de la statuaire et le sex-symbol de l'année, catégorie cultures underground et gay.

L'arme de sidération massive qu'est son anatomie, Joe va par la suite la promener dans les cinémas italiens et français, de série B à Z dans le premier cas, estampillés art et essai dans le second ; mention spéciale pour son rôle de camionneur dans le *Je t'aime moi non plus* de Gainsbourg, où il a pour partenaire Jane Birkin - et, également, Michel Blanc. Notre Serge, Joe l'apprécie davantage que l'auteur de « Walk on the Wild Side », et la réciproque est vraie : sur *Live Take no Prisoners,* le Warholien acteur se retrouve portraituré en « *idiot* », doté d'un QI de doryphore. Ce genre de chose ne se dit pas, sur disque en tout cas ; lors du décès de Lou, Joe se contentera, dans le *New York Times,* d'un tiède éloge : « Il ne me connaissait pas, il ne m'avait même pas rencontré quand il a écrit sa chanson. Il s'est contenté d'utiliser mon personnage de cinéma. »

> *Bonus track* 1 : Le premier titre de gloire rock de Joe, c'est de porter le jean-à-braguette-qui-s'ouvre du *Sticky Fingers* des Stones.
> *Bonus track* 2 : Le second, c'est de figurer torse nu sur la pochette de *The Smiths* – photo tirée de *Flesh,* 1968.
> *Bonus track* 3 : Sa couv de *Rolling Stone,* Lou finira par l'avoir. En 1989, lors de la sortie de *New York.*

Darling, Candy 1944-1974

Une vie en trois chansons – une vie parmi d'autres, tant celles de Candy sont multiples. Et s'accompagnent des changements de nom ad hoc - Hope Slattery, Hope Dahl, Candy Dahl et Candy Cane, autant d'éphémères pseudonymes, essayés avant que les affiches de *Glamour, Glory and Gold* n'effacent le souvenir de James Lawrence Slattery, une fois pour toutes devenu Candy Darling.

1968 : Candy occupe, en compagnie d'Andy Warhol, une place de choix à Max's Kansas City – un siège à la « *round table* », meuble aussi légendaire à New York que le fut en d'autres temps et lieux celui de la geste arthurienne. Quand surgit de haut-parleurs la voix de Mick Jagger, Andy se voit prié de prêter attention aux paroles, « *Candy and Taffy, hope you both are well / Please come and see me, in the Citadel* » ; explication/flashback : établies en 1967 à l'hôtel Albert – sis sur la 11e rue et successivement fréquenté par Walt Whitman, Mark Twain et une kyrielle de rock stars -, Candy et sa copine Taffy Tits partent un beau jour à la pêche aux Rolling Stones. En guise d'équipement, une ficelle et une grappe de raisin, balancée devant la fenêtre des voisins d'en dessous – et ça mord, avec, pour résultat, le privilège d'apparaître dans « Citadel », l'une des trois vraies bonnes chansons de *Their Majesties Request*. Si d'autres versions de la rencontre entre Candy, Taffy et les Stones circulent, Warhol se chargera de rapporter celle-ci ; des arts qui se pratiquent à la Factory, l'affabulation est loin d'être le moins prisé.

1969 : Le journal intime de Candy est formel ; entre son enveloppe charnelle et elle, ce n'est pas le grand amour. Et l'inspiration de venir à Lou :

en ouverture du troisième album du Velvet Underground, il signe un lamento de la plus belle eau ; dans « Candy Says », une fille en froid avec son corps envisage de le planter là, « *what do you think I'd see / If I could walk away from me?* ». Le refus de l'identité par l'état civil imposée, Candy le manifeste, dès 1963, au travers d'une thérapie aux hormones ; sur un mode plus discret, le divorce d'avec soi-même est un thème cher à Lou - de là à trop publiquement s'exposer, il y a un pas ; plutôt que de directement servir de porte-parole à son héroïne, il confie le micro à Doug Yule, un garçon dont rien ne donne à penser qu'il ait jamais affronté une crise d'identité. Bon choix ; nimbé de cosmétique innocence, « Candy Says » eut, dans un univers alternatif, fait un super tube doo wop.

1972 : la célébrité, enfin ! Pas l'ersatz, d'une durée de vie estimée à un quart d'heure, que confère un rôle dans un film de Warhol, mais la vraie, l'indiscutable, l'universelle, celle des effrontées qui, nonobstant leur origine banlieusarde – « *Candy came from out on the island* » - se retrouvent héroïnes d'une chanson classée au *Billboard*. Mettant de côté ses rêves d'Hollywood – modèle revendiqué, Kim Novak ; armes, une blondeur et un buste d'une égale facticité – Candy envisage après le succès de « Walk on the Wild Side » une reconversion, et s'en ouvre à Lou. En retour, un certain scepticisme ;

projet ou prétexte à pure boutade, l'album *Candy Darling Sings Lou Reed* ne verra jamais le jour ; la voix de Candy chanteuse, c'est dans *La Mort de Maria Malibran* que ses admirateurs peuvent la découvrir. Face à la caméra de Werner Herzog, elle y interprète en 1972 « Ramona », - en version brune, et avec des fleurs plein les cheveux.

> *Bonus track 1* : sur un très recommandable album live de 2004, *Animal Serenade,* Lou laisse à Antony Hegarty le soin d'interpréter « Candy Says » ; par la suite, Antony mènera à son terme le processus de changement de genre qu'envisagea pour elle-même Candy. Et deviendra Anohni, « *and then he was a she* ».
>
> *Bonus track 2* : Le 6 mars 2013, Lou fait, à Paris et à la salle Pleyel, sa dernière apparition sur scène ; seul titre chanté à cette occasion, « Candy Says », interprété en duo avec Anohni.
>
> *Bonus track 3* : À défaut d'avoir fait carrière dans l'art mineur qu'était à ses yeux le rock, Candy continue d'en inspirer les praticiens et praticiennes ; en 1987, son portrait illustre la pochette d'un single des Smiths, « Sheila Take a Bow » ; sur l'album *Daddy's Home,* St. Vincent – née Anne Clark - intitule une ballade « Candy Darling ». Et en fait un modèle d'empathique langueur, « *So Queen of south Queens / We never stopped cheering for you, babe* ».

David, Mack (1912-1993)

Où, bien qu'inspirées d'un même roman, deux chansons n'ont pas grand-chose à se dire. En 1962, *A Walk on the Wild Side* devient film. Déconvenue : en passant de la page à l'écran, l'œuvre d'Algren perd l'essentiel de ses couleurs et saveurs ; seule à faire des étincelles, la chanson-titre. À la musique, Elmer Bernstein, à la plume, Mack David, à l'arrivée, du feu, du soufre et une incitation à garder ses mains bien au chaud dans ses poches, « *You walk on the wild side, the devil is waiting / Waiting to take your hand / You walk on the wild side / You're walking with Satan...* ». Message reçu : sans être ce qui se fait de plus *wild,* le single s'infiltre dans le Top 50 – un bon sermon, l'Amérique adore, surtout quand le prêcheur a la voix de Brook Benton ; pour les encouragements à sortir du droit chemin, il faudra attendre dix ans encore.

> *Bonus track 1* : Sans égaler en notoriété son frère Hal – complice de Burt Bacharach et, à ce titre, parolier de « Walk on By », « I Say a Little Prayer » et « Anyone Who Had a Heart » - l'auteur du « Walk on the Wild Side » *sixties* est tout sauf un second couteau ; derrière « I Don't Care if the Sun Don't Shine », c'est lui que l'on trouve, et Elvis n'a pas eu à s'en plaindre ; finir sur les *Sun Sessions,* beau parcours pour une chanson à l'origine écrite pour le *Cendrillon* de Disney.
> *Bonus track* 2 : Hollywood, cimetière à projets : à la fin

des années 1950, un producteur songe à financer une première version cinéma de *A Walk on the Wild Side* ; pressentis pour en écrire la bande-son, Jerry Leiber et Mike Stoller donnent leur accord, d'autant que la mise en scène devrait être confiée à Elia Kazan et le rôle principal à Elvis. Refus outré du colonel Parker : le personnage de Dale Linkhorn – employé de bordel et épisodique acteur de peep-show -, pas question de le faire incarner par le King.

Dharma, Ritchie

Musicien Anglais né en Extrême-Orient. En aout 1972, joue de la batterie sur « Walk on the Wild Side » ; en novembre et décembre de la même année, fait de même au sein du MC5 – un gage d'éclectisme. Lou aura de nouveau recours à ses services sur *Sally Can't Dance* et Mick Ronson sur *Play Don't Worry*.

Davies, Ray

Si l'échec est orphelin, le succès a des pères à foison : dans un entretien accordé en 2020 au *New York Times,* Ray Davies fait état d'une conversation qu'il eut dix ans plus tôt avec Lou ; en substance, la popularité d'une chanson des Kinks aurait, entre autres vertus, eu celle de « rassurer » l'auteur de « Walk on the Wild Side ». Séquence *rewind* :

fin 1970, « Lola » cartonne sur trois continents, exploit d'autant plus notable que les perspectives ici ouvertes – « *Boys will be girls and girls will be boys* » - sont de quelques saisons en avance sur l'air du temps ; pour la première fois, un personnage explicitement transgenre est à l'affiche d'un *hit single.* Et Lou de prendre des notes...
À noter : si la fille à poigne de « Lola » - « *When she squeezed me tight she nearly broke my spine* », gare aux vertèbres – exerce ses talents dans un club du Soho londonien, c'est à Paris et New York que Ray trouve l'inspiration. Dans les colonnes du *Guardian*, il revient, en mai 2017, sur deux souvenirs *sixties* : lors d'une soirée chez Castel, il est le témoin d'une idylle entre le manager des Kinks et une fille à menton qui pique ; un peu plus loin, une vieille amie entre en scène : « Un soir, à New York, je suis sorti avec Candy Darling, la plus belle femme du monde, qui connut une fin tragique. Nous avons fini dans la backroom de Max's Kansas City, où nous avons bu un café... » - Candy, putative inspiratrice d'un hit de plus...

> *Bonus track* : Premier tube à voir un personnage rejeter une inconfortable identité de genre, « I'm a Boy », des Who. Les frisettes, les robes et le vernis à ongles, Bill en a marre ; cause de son malheur, l'entêtement mis par sa mère à avoir quatre filles – dans l'un des projets musicaux que mitonne en 1966 Pete Townshend, les bébés sont livrés sur commande et leur sexe

se choisit. En cas d'erreur, il reste perruques et cosmétiques ; sommé de calquer allure et attitudes sur celles de ses sœurs, Bill peut dire adieu aux plaisirs simples - cricket, virées à vélo, roulades dans la gadoue ; par le miracle d'un refrain attrape-oreilles en diable, cette triste histoire – « *I'm a boy, I'm a boy, but my Ma won't admit it...* » - finit à la deuxième place des charts. Et reste, avec « My Generation », le plus beau succès commercial des Who.

E

Empire State Building, 350 Fifth Avenue

Le grand perdant de « Walk on the Wild Side », c'est lui : présent dans une première mouture des paroles – « *Up until the Empire State...* » - le gratte-ciel de *King Kong* en disparaît sur leur version finale. Lot de consolation : en 1973, il figure sur la pochette d'un vrai faux album du Velvet, *Squeeze* – et s'y fait presser façon tube de dentifrice.

Eve

Un album de Lou Reed produit par David Bowie, ça suscite en 1972 une impatience certaine ; soucieux d'en savoir plus, le *New Musical Express* dépêche sur le théâtre des opérations ses meilleurs limiers. Ceux qui voient tout, entendent tout et n'oublient rien ; dans une histoire orale du Velvet-*Loaded, the Life (and Afterlife) of the Velvet Underground,* de Dylan Jones - Nick Kent se souvient du récurrent emploi d'un prénom féminin : dans la bouche de Lou, David devient Eve.

Détour par Hollywood, rubrique chefs-d'œuvre : dans le *Eve* de Joseph Mankiewics (en V.O. : *All About Eve,* 1950) une intrigante se glisse dans l'entourage d'une star de Broadway, y devient sa doublure et lui pique un rôle crucial ; question fourberie, fausseté et perfidie, on ne fait pas mieux qu'Eve Harrington. Le lien avec David ? Fan studieux et surdoué de l'imitation, il a ce qu'il faut d'atouts pour devenir Lou à la place à Lou – sauf que l'usurpateur d'identité est en vrai un gentil Midas ; au lieu de mettre sur la paille son idole, il lui offre avec « Walk on the Wild Side » un hit 48 carats. Ainsi va la vie dans le monde de Lou, où nul bienfait ne saurait rester impuni – du limogeage de John Cale aux mises à pied d'une tripotée de producteurs et managers, la chronique de ses désamours est à elle seule un roman ; à sa décharge, le légitime dépit éprouvé en 1971 à se retrouver en concurrence avec une autre version de lui-même : avant de devenir le patron d'un Velvet en bout de course, Doug Yule fut, sous le tutorat de Lou, son parfait double vocal. La vengeance se déguste à toutes les températures : quand, en 1972, un intervieweur lui demande où en est Doug, la réponse de Lou tient en trois mots, « *Dead, I hope* ».

Bonus track 1 : Dans une version de « White Light/ White Heat » enregistrée pour la BBC, David explique pourquoi il aime tant les reprises : « *White light makes me feel just like Lou Reed...* »

Bonus track 2 : En 1979, David et Lou dînent un soir de concert à Londres ; à la table voisine, des journalistes du *Melody Maker* et de *Sounds.* Humeur au beau fixe, jusqu'au moment où David déclare que le prochain album de Lou, il le produirait volontiers – à condition que l'artiste consente à être à jeun en studio. Résultats, la soirée vire *wild,* avec bris de vaisselle et distribution de baffes ; récent adepte de la musculation, Lou a du punch et le fait savoir.

F

Fan Club

La musique, c'est du passé ; l'avenir, c'est la poésie – et le présent, un travail de bureau : à l'automne 1970, Lou se retire sur ses terres de Long Island. Et fait nombre de malheureux ; aussi sous-estimé

que le Velvet ait pu être, son leader conserve un noyau de fans, du genre agissant. Applaudir le maître quand il lit ses poèmes, c'est sympa ; l'entendre à nouveau chanter, ça serait mieux ; de là à s'auto-investir d'une mission, il n'y a qu'un pas – un pas de New York, du genre rapide et géant.
Au royaume des sans-le-sou, un rien suffit à faire figure de nabab ; parce qu'ils occupent dans l'Upper West Side un appartement digne de ce nom – l'ascenseur, signe extérieur de richesse – Richard et Lisa Robinson comptent parmi les hôtes en vue du Manhattan rock, catégorie critiques ; parmi leurs fréquents invités, Lenny Kaye, Dave Marsh et Richard Melzer. Décor bohème chic, petits plats chinois, projets à gogo ; comme Warhol est passé par là, Lisa met des micros partout, histoire de garder la trace de ce qui se dit chez-elle - Richard étant à la fois DJ et producteur de disques, aucun risque de se retrouver à court de bande magnétique ; un soir de mai 1971, un enregistrement historique a pour cadre leur foyer.
Sur le canapé, un songwriter à tignasse toute en boucles ; entre ses mains, une guitare sèche. Les compos se suivent - « I Love You », « Ride Into the Sun », « Lisa Says » et d'autres, toutes chansons du Velvet jusqu'à présent inédites sur disque. Puis, soudain, du 100 % nouveau : après « Hangin' 'round », Lou Reed étrenne une histoire

de balade à travers New York, « *All the way until you get to Forty-two / Look at all the things you know you're gonna do...* », Times Square me voici ; quand survient l'épisode *sing along*, ambiance feu de camp : pour faire les filles – « *This is the girls' part...* » -, tous et toutes sont partants. Pour reprendre le refrain, une égale bonne volonté - « *Hey babe, take a walk on the wild side...* » ; au bout de deux couplets, Lou s'est trouvé une chorale, et s'emploie à l'encourager, « *one more time, man, come on!* ».
Coup de théâtre : à vingt-neuf ans, Lou Reed découvre l'art des chansons qui mettent les gens en joie – et ont pour effet annexe de leur faire débloquer des fonds ; sur les instances de Richard, qui bosse également comme *talent scout*, RCA lui propose un contrat pour deux albums. L'enregistrement du premier aura lieu à Londres, Richard sera producteur et recrutera sur place ce qui se fait de mieux comme instrumentistes ; sortie prévue pour le printemps 72. Souci : aussi enjôleur qu'y soit le chant de Lou, le disque propose à l'arrivée d'assez anodines interprétations de titres tirés des archives secrètes du Velvet ; nonobstant son excellence, une paire de nouvelles chansons – « Wild Child » et « Going Down » - passe à peu près inaperçue. Et c'est parti pour un tour de *blame game* : Lou excommunie Richard, Richard se sent floué ; la décision de différer l'enregistrement de

« Walk on the Wild Side », jamais Lisa et lui ne la pardonneront.

Bonus track 1 : Sur un autre enregistrement réalisé chez les Robinson, Lou accompagne à la guitare Nico ; en fin de bande, il se lance dans le « Little Queenie » de Chuck Berry – « la chanson aux paroles les plus fantastiques qui aient jamais été écrites », c'est lui qui le dit ; l'année suivante, le magazine anglais *Cream* verra en lui le « Chuck Berry des *seventies* ».

Bonus track 2 : Scène de la vie chez les Robinson, rapportée dans le livre de souvenirs de la maîtresse de maison : au soir de la première rencontre entre Lou et David Bowie, les deux messieurs s'enferment dans une chambre ; laissée à la porte, Madame Bowie y tambourine avec ardeur.

Bonus track 3 : Quand débute la collaboration entre Lou et Richard, ce dernier vient de coup sur coup produire deux albums des Flamin' Groovies, *Flamingo* et *Teenage Head* – aujourd'hui encore, le rock'n'roll lui en garde une vive gratitude.

Fantôme

Officiel : sur les affiches de concert de 1972/1973, Lou est le « fantôme du rock ». Et même son « *legendary phantom* », son esprit vadrouilleur, son ectoplasme en chef, son mythique passe-muraille. Pas un banal *ghost*, mais l'avatar *seventies* d'un hôte du Palais Garnier, né de l'imagination d'un romancier de chez nous, pour, en versions

Hollywood – il en existe plusieurs -, devenir *The Phantom of the Opera,* musicien de génie, monstre au cœur tendre et maître d'un royaume d'ombres : un personnage tout ce qu'il y a d'underground, ce qui tombe on ne peut mieux.
Explication de texte : avec Lou, le *wild side* est un *dark side.* Et, de ce fait, plonge en chansons dans de méphitiques profondeurs ; saturnales, cérémonies secrètes et turpitudes taboues, il s'en passe de drôles...

Flowers, Herbie

La profession a, en 1966, eu droit à sa chanson, signée Ray Davies : « *He's a session man/A chord progressian / A top musician...* » ; jusque-là, tout va bien, ensuite, ça se gâte – « *He's not paid to think, just play* », comme si jamais Nicky Hopkins ou le jeune Jimmy Page n'avaient eu dans le crâne autre chose qu'une partition...
Des idées, il arrive pourtant aux musiciens de studio d'en avoir, et même de fort bonnes – ainsi, Herbie Flowers, qui, un matin de l'été 1972, trouve le moyen de doubler son cachet. Jouer une intro à la contrebasse, rien de plus simple ; y apporter une touche de jazz, un jeu d'enfant – ce boulot de coloriste, Herbie le maîtrise pour l'avoir à mille reprises pratiqué ; comme il est du genre rapide, il

lui reste du temps, pourquoi ne pas gagner quelques *pounds* de plus en ajoutant une seconde ligne de basse, jouée sur un instrument électrique celle-là ? Aussitôt dit, aussitôt fait : grâce à l'intuition d'un musicien à louer, les vingt premières secondes de « Walk on the Wild Side » suffisent à mettre les épidermes en émoi.

Bonus track 1 : Si Herbie est présent sur « Walk on the Wild Side » - et sur la face B, où il joue du tuba - c'est parce qu'il l'a auparavant été sur le « Space Odyssey » de David Bowie. Qui, ici, se charge de la guitare acoustique.

Bonus track 2 : Parmi les autres employeurs d'Herbie, trois Beatles, un Elton John et un Serge Gainsbourg. Et aussi Marc Bolan, qui à l'extrême fin des années glam l'enrôle dans T. Rex.

Bonus track 3 : Une chanson ne saurait se prétendre réellement new-yorkaise sans être, pour partie, jouée sur un instrument du cru : la basse Fender Jazz dont il joue sur « Walk on the Wild Side », Herbie l'a dénichée en 1960 chez Manny's, sur la 48e rue Ouest ; autres clients de l'établissement, les Beatles, les Who, les Doors et Bob Dylan.

Genre

Melody Maker, 22 janvier 1972 : « Je suis gay et je l'ai toujours été, même quand je me nommais David Jones » ; en justaucorps d'alien et bottes de plastique rouge, David Bowie en met plein la vue au journaliste Michael Watts.
24 novembre 1972 : sortie de « Walk on the Wild Side » ; dans l'air, un parfum de *coming out* – cinq personnages, cinq adieux à l'hétéronormativité. En guise de mise au point, une campagne de lancement presse et radio : « Au milieu de la folie frelatée, de la dépravation à deux balles et des anars pseudo-sexuels, Lou Reed est le vrai truc... le modèle original ». Peut-être un pluriel eut-il mieux convenu ; des orientations et combinaisons érotiques, Lou en invente à volonté : « *The possibilities are endless* », c'est dans « Some Kinda Love » qu'il le chante – et ajoute que jamais il ne se privera de l'une elles, « *and for me to miss one would seem to be groundless* ».

Glam

L'esprit du glam, en une chanson résumé : « *No more pencils, no more books / No more teacher's dirty looks* », les cahiers au feu, la maîtresse au milieu. Retour aux jours anciens, ceux d'Eddie Cochran et Chuck Berry, de « Summertime Blues » et « School Days » ? Oui et non : quand, au printemps 1972, le *School's Out* d'Alice Cooper triomphe du Nouveau Monde à la vieille Europe, les cibles de la rogne adolescente ont changé ; s'en prendre aux profs et parents, c'est dépassé ; les nouveaux objets de ridicule, ce sont les vétérans de Woodstock et autres donneurs de leçons.

Entre l'automne 1971 et l'été 1974 – soit le laps de temps séparant le « Hot Love » de T. Rex du « Rebel Rebel » de David Bowie -, le rock s'offre sa première guerre des générations ; dans le camp des vieux birbes, les hippies et consorts, dans celui des *bright young things,* des gosses brillant de mille feux. Et écoutant des chansons qui leur ressemblent, toutes en éclairs et scintillements ; à proscrire, le gris, le gras et les prétentions du rock-qui-pense - chez Slade, embargo sur le cerveau ; avec Sweet et Suzie Quatro, le bubblegum renaît. Du côté des vingtenaires, ça bisque sévère - disserter sur Jerry Garcia, ça vous pose ; se priver de Marc Bolan et d'un brin de mascara, c'est ballot. La solution ?

S'inventer un glam à soi, cérébral et transgressif – enlevez c'est pesé, le rock décadent est né ; pour ses Tables de la Loi, s'adresser à Lou Reed.
Out, la paix, l'amour, le retour à la nature, depuis Charles Manson et Altamont, tout ça sent l'arnaque. *In*, le Velvet Underground ; dans la presse anglaise, des rétrospectives à foison ; dans les bacs à disques, un double album/anthologie ; ignoré la veille, le New York de « Venus in Furs » et « Sister Ray » fait rêver. Et bosser aussi ; à Londres, un concept album prend forme ; son sujet, la vie du côté de chez Warhol ; sa bande-annonce, « Walk on the Wild Side ».

> *Bonus track* : Sa chanson « *Mais oui mais oui, l'école est finie* », Lou l'a en 1962 écrite et enregistrée ; par une coupable négligence des maisons de disques, elle attendra pour sortir l'an 2000 et la compil *Rockin* ' on Broadway - The Time, Shad, Brent Story. Intitulée « Merry Go Round » et signée Lewis Reed, l'œuvre démarre en ces termes : « *I walk you home every day from school / But still you treat me like I was a fool...* », jouer les chevaliers servants, ça va bien un moment ; en face B du single fantôme, « Your Love », « *I Never thought I was a real whole man 'til your love* » - un triomphe pour Cupidon, doublé d'un must pour les fans.

Granny Takes a Trip, 488 King's Road, Londres

Fin janvier 1972, Lou, John Cale et Nico sont à Paris ; sur la scène du Bataclan, les caméras de *Pop 2* immortalisent un moment de magie – « *It was very nice, it was paradise* », bien vu « Berlin ». Pour l'occasion, Lou arbore frisettes afro, veste de tweed et sourire en coin ; six mois plus tard, il a le cheveu court, la lèvre noire et le costume pailleté – ordonnatrice de cette métamorphose, Angie Bowie. Au sein du Velvet, le dandy, c'est John – normal, il a pour épouse la styliste Betsey Johnson, laquelle a davantage de mal avec Lou : les froufrous, pas question ; son truc c'est le combo jean/blouson de cuir. Autres temps, autres mœurs ; quand vient l'épisode *Transformer*, une carrière est en jeu et Madame Bowie prend les choses en main. Direction Chelsea, où s'habille le Tout-Londres rock ; boutique-phare des années glam – et des trois ou quatre précédentes -, Granny Takes a Trip, en V.F. « Mamie tâte du LSD ». À la sortie de l'échoppe, Lou est l'heureux propriétaire d'un ensemble pantalon/boléro de velours noir, égayé de fleurs/étoiles bleues, jaunes et roses ; après passage chez les coiffeur et chausseur, il a la chevelure assagie et mesure dix centimètres de plus – *a star is born,* ne reste plus qu'à prendre les photos de pochette de

Transformer et « Walk on the Wild Side ».

> *Bonus track* : En septembre 72, Lou et son costume font, en couleurs, la couv du magazine bostonien *Fusion ;* en pages intérieures, les mêmes posent, en noir et blanc, devant les cordes à linge et murs de briques du domicile du chanteur. Sous le boléro, un T-shirt Marilyn, au-dessus, une tête de déterré - le glam et la vie au foyer, ça fait deux.

H

Hamelin

Les musiciens, des gens dont il convient de se méfier – et d'autant plus se méfier qu'ils sont plus talentueux : dans la bonne ville de Hamelin, un joueur de flûte fait montre d'une dextérité surnaturelle ; quand il entre en conflit avec la population adulte, il sort son instrument et entraîne les enfants au loin, vers un *wild side* dont ils ne reviendront pas. Prétexte à une infinité de variantes littéraires, la légende médiévale trouve en 1972 une moderne illustration : cette année-là, le *Pied Piper* a pour nom Lou Reed ; en matière d'incitation à la fugue de masse, difficile de faire plus insidieux et sournois que « Walk on the Wild Side ».

Bonus track : Signe des temps ? En 72, Jacques Demy filme sa version à lui du *Joueur de flûte ;* dans le rôle principal, Donovan, le *sunshine superman* des années pop.

Head

Durant les *late sixties*, le terme « head » est en vogue, au sein de noms composés surtout – qu'il soit *pot-head, hash-head* ou *acid-head,* le hippie se doit d'avoir la tête bien nourrie, à défaut de toujours être claire ; meilleure illustration, un film/album des Monkees : coécrit par Jack Nicholson, *Head* (1968) est le cousin halluciné de *Magical Mystery Tour.* Chez Lou, c'est autre chose ; avec sa Candy à la tête plus froide que ne l'est sa cavité buccale – « *She never lost her head / Even when she was giving head* » -, « Walk on the Wild Side » offre à la fellation une place dans le classement du *Billboard* : numéro 16 en avril 73, ça ouvre des perspectives. Émulation : en mai de la même année, Bowie sort *Aladdin Sane* – au programme, « Cracked Actor » ; phrase choc, « *Suck baby suck / Give me your head* » ; en septembre, les Stones s'y mettent, « *Yeah Ali MacGraw got mad with you / For givin' head to Steve McQueen* », c'est dans « Star Star » et l'acteur, dument consulté, a donné son accord.

Bonus Track 1 : Coïncidence ? Le mois où Lou

enregistre « Walk on the Wild Side », la sortie de *Deep Throat* fait entrer Linda Lovelace dans les encyclopédies du cinéma.
Bonus Track 2 : Avant « Walk on the Wild Side », il y a eu côté Velvet « Sister Ray » et son « *She's too busy suckin' on my ding dong* ». Et, côté Stones, « Cocksucker Blues » - nombre de passages à la radio, zéro.
Bonus Track 3 : En novembre 71, sortie d'une anthologie intitulée *Andy Warhol's Velvet Underground featuring Nico ;* sur la pochette néo-warholienne, une bouche noue, en neuf images, une relation intime avec une bouteille de Coca.

Hedwig

Berlin Est, années 1980 : dans la caravane qui sert à sa mère de logis, Hansel vit sous perfusion – sa drogue, c'est le rock qui vient de l'autre côté du mur ; sa chanson préférée, elle fait « *doo doo doo* » et invite à mettre les voiles, « *Hey man, take a walk...* ». Bientôt, le gosse devient Hedwig - « *and then he was a she* » -, part pour les États-Unis et y exerce la profession de *glam rocker*.
Avant de devenir en 2001 un film, *Hedwig and the Angry Inch* est une comédie musicale, jouée deux ans durant au Jane Street Theater de New York ; le soir de la première, Lou et Laurie Anderson sont dans la salle – et, aux dires des témoins, s'y livrent à force ébats amoureux : quand la trame de

l'une de vos chansons inspire un succès théâtral, ça se fête.

> *Bonus Track :* Avant le glam rock, il y a eu le cinéma glam ; exemples les plus parlants, deux films ayant pour cadre l'Allemagne de Weimar. Dans *Les Damnés* (Luchino Visconti, 1968), une séquence *L'Ange bleu* fait d'Helmut Berger une Marlène Dietrich plus vraie que nature ; dans *Cabaret* (Bob Fosse, 1972), Joel Grey porte autant d'eyeliner que cinq New York Dolls réunis.

Honey

« Hey, *honey / Take a walk on the wild side* » ; sur le côté sauvage, l'affection s'exprime au travers d'une foule de petits noms - « *Babe* », « Honey », « « Sugar », un univers de douceur ; dans la vraie vie, Lou archive soigneusement les cartes postales qu'il reçoit, surtout quand elles sont signées Moe Tucker et adressées à un certain « *honey bun* ». Variante, « *sweetie* » ; au sein du Velvet, Moe est la seule à avoir eu accès à la face sucrée de Lou.

Hustle

En 1959, Walter Tevis publie *The Hustler ;* deux ans plus tard, le roman devient film, et s'intitule chez nous *L'arnaqueur*. En vedette, Paul Newman ; au menu, les coups fumants et déboires d'un pro du billard : « *a hustle* », c'est une entourloupe, une escroquerie, un tour pendable ; l'objectif, berner un gogo – en lui fourguant, dans un autre contexte, de l'amour tarifé. À Times Square, les *hustlers* font le trottoir, et dans le cinéma de Warhol aussi ; abonné aux rôles de gigolo, Joe Dallesandro en endosse à nouveau le costume - ou, en la circonstance, la nudité - dans « Walk on the Wild Side » : « *a hustle here and a hustle there / New York City's the place...* », un brin d'entôlage par ci, un chouia de vidage de poches par là... La ville selon Lou, un piège à pigeons, un royaume des masques, un chapiteau de *freak show ;* 24/7, jamais le spectacle ne fait relâche.

> *Bonus Track 1 :* Avant Joe Dallesandro, il y a Paul America – « propre sur lui, canon, d'une parfaite symétrie », c'est Warhol qui le dit. Ébloui par cette blonde découverte, il lui donne le rôle-titre de *My Hustler,* tourné à la plage - et en un jour - en septembre 65 ; avis du *New York Times,* le film est « sordide, méchant, méprisant », ce qui ne l'empêche pas de rapporter des sous à Andy. Et ça, c'est une première.
> *Bonus Track 2* : Parmi les livres de chevet de Lou, celui d'un authentique *hustler* : dans *City of Night,* John Rechy narre en 1963 ses aventures entre Times Square et Hollywood Boulevard ; scintillements des jukebox, râles du rock'n'roll, la nuit sauvage mise en prose comme jamais.

Island

« Candy came *from out on the island* » : l'île, la seule, l'unique, celle d'où viennent Candy Darling et Lou – celle où, longtemps avant que ne commence à s'y s'écrire « Walk on the Wild Side », le cinéma, le rock'n'roll et le doo-wop sauvent de jeunes vies. Nés à deux ans d'intervalle – lui à Brooklyn, elle dans le Queens - Lou et Candy font durant l'enfance l'expérience du déménagement. Destination, des villes de ce qui, longtemps, fut le royaume de la pomme de terre ; au milieu des maisons blanches et vertes pelouses de Long Island, les exilés en culottes courtes vouent un même culte à des créatures mythiques, celles que l'on voit à l'écran ou entend à la radio. Jean Harlow, une vision de paradis pour le garçon qui se sent fille ; Dion & The Belmonts, des Olympiens pour celui qui, déjà, écrit ses chansons à lui : quand Lou reçoit son diplôme de fin d'études secondaires, ses condisciples le tiennent pour « un chanteur super wild », un « mec super cool » et « l'un des plus formidables apports de Freeport à l'industrie du disque. » Derrière cette réputation, une connaissance encyclopédique de ce qui se fait de mieux en matière de girl groups et hurleurs R&B, à laquelle s'ajoute la formation d'une paire de groupes de lycée et l'enregistrement d'un single, « So Blue »/ « Leave Her for Me » – s'il n'est pas le *lead singer* des Jades, Lou roucoule en leur sein les « *ooh-oohs* » de rigueur. Un adolescent à la page donc – et une boule de nerfs à la maison, où s'enchaînent les coups de grisou : à dix-huit ans, Lou fait connaissance avec la fonction thérapeutique de l'électricité ; quand il quitte Long Island pour l'université de Syracuse, c'est avec la ferme intention de n'y revenir que le moins possible.

Dix ans après, ultime concert du Velvet ; au deuxième étage de Max's Kansas City, deux spectateurs d'un type inhabituel – présents à la demande de leur fils, Sid et Toby Reed ont pour mission d'au petit matin l'embarquer dans leur voiture. Avant que Doug Yule n'interprète la dernière chanson, Lou fait ses adieux au micro – « *Put jelly on your shoulder / Let's do what you fear most* » ; le lendemain, la confiture de « Some Kinda Love » se contentera de s'étaler sur des toasts.

Entre Freeport et Manhattan, une quarantaine de kilomètres et un nombre certain d'années-lumière ; trouver refuge sur la côte sud de Long Island, c'est faire, à vingt-huit ans, le choix d'une existence paisible, voire somnolente - celle à laquelle Lou se résigne soudain. Fini, le rock, ses faux-frères,

ses managers sournois et ses espoirs déçus ; pour recommencer à respirer, un programme en deux temps : d'abord, dormir à poings fermés, 48 heures d'affilée de préférence ; la cure de sommeil finie, trouver un job. Coup de chance : autrefois élue « reine des dactylos », Toby Reed a inculqué à son fils l'importance de savoir taper à la machine ; heureuse coïncidence, l'entreprise de Sid valorise ce type de compétence : salaire, quarante dollars par semaine. Avantage annexe, quand on turbine on oublie de systématiquement se ronger les ongles, à moins que ce ne soit les sangs - c'est, du moins, ce dont tente de se convaincre Lou au travers d'un texte qu'il signe à l'époque : dans *Forgotten Knights and Fallen Ladies,* le boulot/dodo évite de finir comme Brian Jones.
Objectif normalité ; avant de fuir Max's, Lou a promis à sa copine du moment de lui téléphoner ; quelques rendez-vous plus tard Bettye passe ses week-ends au 35 Oakfield Avenue – un pavillon en rez-de-chaussée, modestement *middle-class* mais impeccablement rangé. Comme on est chez des gens convenables, l'invitée dort sur le canapé ; comme Toby est une hôtesse née, les petits-déjeuners proposent saumon fumé, bagels et pâtisseries maison ; pour éliminer les calories, le tennis est là. Au country-club de Sid, Lou sort les raquettes – et fait un joueur féroce ; quand elle en a marre

d'esquiver des services qui tuent, Bettye se console en écoutant le bruit des vagues ; la mer est à deux pas et les promenades sont sympas.
Sous la plage, les pavés : un coup de téléphone et la ville reprend ses droits ; contacté par un producteur de théâtre, Lou s'achète une édition poche de *A Walk on the Wild Side*, prend des notes, souligne des passages – dans une verte banlieue, la jungle urbaine le fait à nouveau rêver ; bientôt, il y donnera à Candy le rôle de sa vie.

Bonus track 1 : L'épisode médical sur lequel se clôt l'adolescence de Lou a pour cadre un hôpital du Queens, le Creedmoor Psychiatric Center. Si la nature de la thérapie – des séances d'électrochocs – ne prête guère à discussion, les causes en sont présentées différemment par Lou et par sa sœur : pour le chanteur, c'est à l'homophobie de ses parents qu'il doit ce décérébrant traitement ; dans la version de Merrill Reed, les médecins auraient décelé chez son frère une tendance à la schizophrénie. Origine évoquée : au lieu d'en permanence porter Lou dans ses bras, sa mère l'aurait, à l'âge des hochets, laissé pleurer seul dans sa chambre.
Bonus track 2 : Au printemps 1964, une habitante de Long Island frôle la mort au volant : quand elle entend à la radio « Not Fade Away », Maureen « Moe » Tucker se gare en catastrophe – « *Holly shit ! What's this?* », ce truc, c'est de la bombe. Première réaction, foncer chez son amie Marsha, et lui faire partager sa découverte des Rolling Stones ; deuxième décision, écouter *England's Newest Hitmakers* au point d'en

blanchir les sillons – et, dans la foulée, s'offrir une caisse claire.
À la même époque, le boy-friend de Marsha fait des progrès à la guitare ; son nom, c'est Sterling Morrison et il est originaire d'East Meadow – une ville située à dix minutes de Levittown, où réside Moe : le Velvet Underground, c'est à Long Island qu'il trouve son terreau.
Bonus track 3 : À l'adolescence, Candy Darling habite à Massapequa, une ville proche de Freeport ; si le personnage et l'auteur de « Walk on the Wild Side » se croisent à l'époque, c'est au Hayloft, le bar gay où Lou gagne à l'occasion son argent de poche. Ce qui est établi, c'est que lors du dernier concert du Velvet, Lou vante en « Candy Says » celle de ses chansons qui lui tient le plus à cœur – et ajoute que s'il a l'air un peu ailleurs quand il l'interprète, c'est parce qu'il « s'identifie comme un dingue ».

J

Jazz

« Walk on the Wild Side », brûlot free jazz ? Le 1er décembre 1976, c'est bel et bien le cas : au Roxy de Los Angeles, Lou rencontre Don Cherry, et le résultat est enfiévré à souhait – « *Hey Joe, take a walk on the wild wild side... I'll be your best friend for an hour, man, come on...* », pour une heure d'intimité, passez la monnaie. Trois ans plus tard, le trompettiste retrouve Lou sur *The Bells* – et y joue, en sus, de la « guitare de chasse africaine ».

> *Bonus Track :* En 1962 et à l'université de Syracuse, Lou lance avec trois amis une revue, *The Lonely Woman Quarterly*. Derrière ce choix de titre, son goût pour le « Lonely Woman » d'Ornette Coleman, un morceau sur lequel Don Cherry joue du cornet à pistons.

Journalistes

Entre la sortie de son premier album et celle de *Transformer,* Lou se confie à un reporter ami, Ed McCormack. Sujet de leur entretien, la presse rock et ses représentants : « J'adore toujours Richard, mais je ne suis pas certain que lui, il m'aime encore beaucoup... » - la litote, procédé rhétorique sans lequel Lou ne serait pas Lou ; dans les faits, Richard Robinson (*cf. Fan Club*) exècre, abhorre et abomine son protégé d'une saison. Et le fait savoir, avec une efficacité d'autant plus redoutable qu'il a pour porte-voix la commère en chef du New York journalistique : quand son époux apprend qu'il ne produira pas *Transformer*, Lisa Robinson décroche son téléphone – avec quelques décennies d'avance, la *cancel culture* voit le jour.

Longtemps héros des élites underground, Lou se retrouve leur cible. Tir groupé : le disque produit par Bowie est une daube et « Walk on the Wild Side » de la variétoche ; pour le *New York Times,* l'album est « flasque » ; aux yeux du *New Yorker,* il est « désastreux… des textes faiblards et pseudo-décadents, un chant faiblard et pseudo-on-ne-sait-trop-quoi… » ; de l'avis de *Rolling Stone,* Lou devrait « laisser tomber ce genre de trucs homo qui se prennent pour du grand art ». Dire que le conseil tombe sur des oreilles disposées à l'entendre serait mentir ; mis au ban de sa tribu – « *We hate it when our friends become successful…* » chantera plus tard quelqu'un – Lou a des envies de scalp ; en tête de liste, un prof rock connu pour décerner aux disques des notes. Dans le *Village Voice,* Robert Christgau a accordé à *Transformer* un C+, soit, en français de l'éducation nationale, 9 sur 20, candidat admis au rattrapage ; cinq années passent, et avec elles des douzaines d'interprétations live de « Walk on the Wild Side » ; sur celle de *Take No Prisoners,* Christgau fait une apparition – avec, dans son slip, un orteil : « *a toe fucker* », le Kamasutra selon Lou réserve quelques surprises.

Le *wild side,* c'est ici et maintenant : « ces foutus journalistes, pourquoi on les flingue pas ? Y servent à rien, ces trouducs… ». Pas de quartier ; en résultent des confrontations dont certaines passeront à la légende – durant les années 1970, le spectacle est partout, interviews comprises.

Bonus Track 1 : Incrustée dans une multitude de périodiques rock – *Creem, Rock Scene, Hit Parader* – Lisa Robinson réussit durant les années glam à n'y mentionner ni Lou ni David Bowie ; quand elle consent à reparler du premier, c'est pour l'étiqueter « James Dean en ruines ».

Bonus Track 2 : Bis repetita : au retour d'une tournée européenne de 1977, Lou travaille sur *Street Hassle ;* en studio avec lui, Richard Robinson, contre toute attente pressenti pour produire l'album – prise de bec, exit l'ami retrouvé.

K

Kronstad, Bettye

En septembre 1972, Lou fait au magazine *Fusion* cadeau d'un précieux scoop : les seules choses auxquelles il croit, ce sont les « petits oiseaux » et les « jolies princesses » ; en novembre, un single vient étayer ces dires. Registre inédit : avec « Walk on the Wild Side » et sa face B « Perfect Day », le chroniqueur de la désespérance urbaine signe deux contes de fées – lesquels comprennent, comme il se doit, leur lot de miracles : une opération pince à épiler et un garçon devient fille ; un après-midi au soleil et Lou le vaurien se mue en quelqu'un de bien, « *You made me forget myself / I thought I was someone else / Someone good...* »

Celle par qui cette métamorphose advient a pour prénom Bettye. Hiver 1968 : lier connaissance, c'est quand on s'appelle Lou simple comme une tape sur les fesses ; trouvant l'importun appétissant de lèvres, Bettye Kronstad accepte de le revoir – pour, en janvier 1973, devenir sa légitime épouse, et, à l'automne de la même année, prendre à Paris la fuite. Cinq ans durant, elle remplit auprès de Lou un nombre considérable de rôles : les bons jours, elle est muse ou maman, les mauvais infirmières ou punching-ball ; l'idéal éthéré d'un poème de 1971 - « *I am sorry princess / I am so slow in loving...* », (« He Couldn't Find a Voice to Speak With », publié dans *The Harvard Advocate*) -, c'est elle ; la reine promise à la décapitation de « Sad Song » aussi ; entre les deux, elle est, surtout, l'inspiratrice de « Perfect Day ». Et, à ce titre, occupe dans la vie et l'œuvre de Lou une place comparable à celle de Shelley Albin, la fille aux yeux noisette qui lui fit écrire « Pale Blue Eyes ».

L'histoire, telle que narrée par l'intéressée : été naissant, rendez-vous à Central Park, hippies, frisbees, odeurs d'herbe qui fait rire et rafraîchissements ; pour ajouter à la perfection de cet après-midi, Lou suggère de passer chez Tiffany's – et d'y jeter un coup d'œil aux bagues. Une visite à la joaillerie la plus légendaire de New York, quelle fille s'en priverait ? Une au moins : un joli cœur alcolo-dépendant, ça n'a rien du fiancé idéal, et notre héroïne le fait savoir ; s'ensuit un échange d'amabilités, prélude à une sortie des mouchoirs. L'ellipse, providence des songwriters : dans « Perfect Day », l'épisode querelle passe à la trappe – la journée parfaite c'est, pour Lou, celle où la poussière roupille sous le tapis, « *problems all left untouched* ».

Bonus Track 1 : Actrice de formation, Bettye fait une première apparition dans le trésor caché qu'est « Wild Child » - « *I was talkin' to Bettye about her auditions / How they made her ill* » ; le trac, ennemi des comédiens et comédiennes, pour lutter contre lui, Lou et sa copine débouchent force bouteilles.

Bonus Track 2 : En 2016, Bettye publie une autobiographie, *Perfect Day, An Intimate Portrait of Life With Lou Reed.* Si éclairante que soit cette plongée dans l'intimité du couple, le livre traite le Velvet avec une certaine désinvolture : John Cale jouant de l'orgue lors de l'ultime concert du groupe à Max's Kansas City, seule Bettye semble en avoir gardé le souvenir.

L

Little Joe

Tatouage. Orne le biceps droit de Joe Dallesandro.

Live

En 1975 et 1978, sortie de versions officielles et en public de « Walk on the Wild Side », l'une comme l'autre enregistrées lors de concerts new-yorkais ; la première, proposée sur *Lou Reed Live,* date de la tournée *Rock'n'Roll Animal* – pas de favoritisme, tous les morceaux sont ici bastonnés avec un égal entrain ; la seconde, qui occupe près d'une face entière de *Take No Prisoners,* est nettement plus marrante. Au Bottom Line, rien que des connaisseurs : collègues musiciens, fans des années Max's et kids de la génération CBGB, tous sont venus voir ou revoir une figure historique ; face à un public persuadé de le connaître par cœur, Lou fait dès le début de « Walk on the Wild Side » le proverbial pas de côté – puis s'en offre un autre, et un autre encore. Normal, car New York a, ce soir, affaire à toute une bande de Lou – « *Lou number one... Lou number five...* » -, et qu'un d'entre eux au moins n'a nulle envie d'interpréter un tube qui lui sort par les yeux, les oreilles et les narines, « *I was so sick of that song...* » ; ce qui l'intéresse, c'est de faire du bel et bon théâtre, « *I do Lou Reed better than anybody else...* ». Et de se mettre en scène en cracheur de tout ce qu'on veut – flammes, bile et vitriol, tout le monde aura sa dose, assistance médicale non fournie. Numéro d'esbroufe ? Oui, et des meilleurs ; loin de parasiter les spectacles de Lou, ses humeurs les peuplent durant les *late seventies* d'admirables égarements. Au micro, un punk, un poète et un comique troupier ; entre eux, bisbilles, castagne, politique du « pousse-toi de là que je m'y mette » - au service de cette foire d'empoigne, un groupe hors du commun, rock un instant, jazz le suivant, chaud bouillant tout le temps. Les fans le savent : des versions de « Walk on the Wild Side » enregistrées sur scène entre 1975 et 1978, aucune n'est négligeable – Lou en liberté, le nec plus ultra d'une certaine idée du rock.

Bonus Track 1 : Parmi les victimes de *Take No Prisoners,* l'actrice qui, avant son virage vers le militantisme, tint le rôle principal de *A Walk on the Wild Side,* le film : « J'aime bien regarder Jane Fonda, j'ai juste envie qu'elle la ferme ».
Bonus Track 2 : Un « Walk on the Wild Side » servi brûlant, ça se trouve sur *Thinking of Another Place,* Easy Action Records (2014) – « *Hey, hot stuff, take a walk on the wild side....* ».

Londres

Une ville pour deux albums : en janvier 1972, Lou enregistre à Willesden ; huit mois plus tard, il remet ça, à Soho cette fois. Devinette : de la banlieue éteignoir et du royaume des dealers et peep-shows, quel environnement lui sied le mieux ? La réponse, « Walk on the Wild Side » l'apporte sans l'ombre d'une équivoque – si le premier séjour de l'artiste à Londres s'est traduit par un disque chiche en personnalité, le second le voit redevenir pleinement lui-même.

De l'influence, cruciale, qu'exerce l'esprit des lieux – et leur chair aussi : à Soho, Lou est chez-lui, et même triplement chez-lui ; les rues qu'il parcourt pour se rendre en studio, ce sont celles qu'ont écumé à leurs débuts les Stones, les Who et les Kinks ; les sex-shops qui y rivalisent d'éclairages criards, ce sont les premières à avoir vendu ses romans européens préférés, *La Vénus à la fourrure* et *L'histoire d'O ;* les créatures qu'il y croise à la nuit tombée, ce sont les cousines anglaises de Candy, Jackie et Little Joe. Un parfum de Times Square à une enjambée de Piccadilly Circus, ça le ramène droit à son adolescence, à l'âge des maraudes et des fascinations secrètes ; atout supplémentaire : pour lui servir de guide en ces lieux, il bénéficie des services de l'un des hommes qui les ont le mieux chantés – « *Bright lights, Soho, Wardour*

Street / You hope you make friends with the guys that you meet » ; avec « The London Boys », David Bowie a, à dix-huit ans, fait honneur au *wild side* de Londres.

Bonus Track 1 : Soucieuse de la santé de Lou, sa maison de disques lui loue, durant les sessions de *Transformer,* un logement sis à Wimbledon. Retour au tennisman des années Long Island ? Pas si simple : selon une foultitude de témoins, tenir Lou loin des revendeurs de drogues tient à l'époque de la gageure.

Bonus Track 2 : Une première fois enregistré par David Bowie en 1965, « The London Boys » ne sort qu'un changement de groupe et de maison de disques plus tard ; aux yeux du label Pye, une chanson avec gobage de pilules – et subséquente envie de vomir -, ça n'a pas sa place chez eux. À peine plus ouverts, les gens de Decca la relèguent en 1966 sur une face B.

M

Mainman

De l'intérêt de transporter son biotope avec soi : durant les sessions de « Walk on the Wild Side », Lou est, tout résident de Londres qu'il soit, entouré d'une bande de diplômés de Max's Kansas City.

À l'origine de cette étrangeté, une pièce de théâtre, la seule qu'ait jamais signé Warhol. Lors des représentations londoniennes de *Pork,* David Bowie et son imprésario Tony Defries ont, en août 1971, une révélation : cet univers, c'est le leur ; ces acteurs venus d'ailleurs, il faut les engager – et en faire les chevilles ouvrières de leur toute nouvelle entreprise de management, baptisée Mainman. Comme la pièce emprunte ses dialogues aux conversations d'une transfuge de la haute société new-yorkaise, Brigid Polk, Mainman hérite, en les personnes de Tony Zanetta et Cherry Vanilla, d'un Andy et d'une Brigid de théâtre ; pour compléter l'équipe, un ex-colocataire de Jackie Curtis - et futur manager d'Iggy Pop -, Leee Black Childers.

Bonus Track 1 : Où une manie débouche sur un changement de nom : parce qu'elle a coutume d'injecter à ses proches un cocktail d'amphétamines et de vitamine B – et parce qu'enfoncer un objet dans la chair d'autrui se dit « *to poke* » - Brigid Berlin devient Brigid Polk. Et, avant d'enregistrer à Max's l'ultime concert du Velvet, figure parmi les personnages de *Chelsea Girls,* le film ET la chanson, « *Brigid's all wrapped up in foil / You wonder if she can uncoil* ».

Bonus Track 2 : Andy Warhol's Pork, vu par le *New York Times :* « Si on en enlève la fornication, la masturbation, la défécation et les tergiversations, ça a un petit air de famille avec le gang de gosses des *Aventures de Charlie Brown* ».

Midnight Cowboy

Sa carrière de héros de film et de chanson, Joe Dallesandro la doit, pour une large part, à un cinéaste anglais : en 1968, John Schlesinger entreprend de filmer l'odyssée d'un Texan aussi naïf que beau gosse, venu faire commerce de son corps à New York ; par soucis d'authenticité, il songe à confier à Warhol un rôle de VIP underground. Refus d'Andy, qui conseille de plutôt employer l'une de ses *superstars ;* c'est ainsi à Viva qu'il revient de convier Joe Buck - et son copain Ratso, l'autre héros de *Midnight Cowboy* - à une soirée chic : au programme, « du sang, de la chair et de la fumette », un flyer le précise.
Une semaine durant, le tournage de la scène de party fait appel à une foule de figurants ; présent sur les lieux, Paul Morrissey se dit qu'une histoire de *hustler,* il est capable d'en tourner une lui-même, et qu'il a pour cela l'acteur idoine ; réalisé pour trois francs six sous, *Flesh* est pour la première fois projeté en septembre 68 – soit sept mois avant la sortie de *Midnight Cowboy,* premier film classé X à recevoir trois Oscars.

> *Bonus Track :* Si l'itinéraire de Joe Buck dans *Midnight Cowboy* préfigure celui de Holly dans « Walk on the Wild Side » - montée du Sud vers New York, destination Times Square -, la chanson du film raconte l'histoire inverse : signé de Fred Neil (et interprété par

Nillson), le refrain de « Everybody's Talkin' » est habité par le désir de fuir la ville, « *I'm goin' where the sun keeps shinin' / Through the pourin' rain* » ; lors des dernières séances d'enregistrement du Velvet, « Ride Into the Sun » tient le même discours.

Mitchell, Gala

Passer pour une jolie fille, Lou n'a rien contre ; des privilèges accordés aux *glam rockers,* c'est même l'un de ceux qui le réjouissent le plus.
À défaut de tous se procurer *Transformer* – les albums, c'est hors de prix -, les acheteurs de « Walk on the Wild Side » se font un devoir d'en scruter l'intrigante pochette. Naissance d'une interrogation : le punk et la pin-up du verso ne seraient-ils pas une seule et même personne ? Ou, plutôt, un seul et même Lou, en la circonstance prototype du « *il* » qui devient « *elle* » ? Gros buzz, d'autant qu'avant 1972, nul ou presque n'a vu de portrait du fantomatique artiste.
Las, le temps finit par dissiper les plus charmants mystères : la fille aux jambes sans fin se nomme Gala Mitchell, est de son état mannequin et fait à l'occasion l'actrice ; dans *Dante's Inferno* (1967), Ken Russell a vu en elle un idéal de beauté préraphaélite.

Bonus Track : Un homme et une femme, le premier au verso, la seconde au recto – en 1970, les deux ont pour nom Mick Jagger, et c'est sur la pochette de l'album *Performance.*

Morrissey, Paul

Un film d'Andy Warhol, c'est, à partir de la fin des années 1960, un film de Paul Morrissey ; une fois la caméra allumée par le patron, c'est à son plus proche collaborateur qu'il revient d'enregistrer sur pellicule les faits et gestes de Jackie, Candy, Little Joe et les autres. De quoi faire de Morrissey, tout fervent catholique qu'il soit, un personnage clef dans la genèse de « Walk on the Wild Side » - et ce d'autant qu'il aurait, aux dires de certains, conseillé à Lou de s'inspirer pour l'écrire des personnages de la Factory. De là à faire de leurs rapports un modèle de fraternité ... À un biographe de Lou, Morrissey suggère, après le décès du chanteur, deux titres de livre, *La haïssable salope* ou *Le pire être humain que la terre ait porté* - info fournie par le *Vancouver Sun,* édition du 6 novembre 2015.

Movie

Dans la ville la plus cinégénique du monde, comment couronner un bel après-midi ? Lou a son idée ; à la fin de « Perfect Day », c'est dans une salle obscure qu'il compte se rendre, « *and maybe a movie too...* ». Si les souvenirs de Bettye Kronstad sont exacts, le choix de spectacle fait, cet après-midi-là, l'objet de négociations, au terme desquelles le couple opte pour un film français – une concession de la part de Lou, qui en a soupé de Godard et Truffaut ; de cette aversion, il tirera en 1976 un plaisant couplet : « *I don't like opera and I don't like ballet / And new-wave French movies they drive me away...* ». Pour faire détaler notre chanteur, rien ne vaut un exemplaire des *Cahiers du cinéma,* c'est « Rock and Roll Heart » qui nous l'apprend.

> *Bonus Track :* Le cinéma, art des miracles ? À l'université de Syracuse, Lou voit et approuve *La Dolce vita,* le film de Fellini où Nico joue son propre rôle ; cinq ans plus tard, le Velvet Underground a pour chanteuse la blonde actrice.

New York

Aux yeux de de la Bible Belt, un lieu de perdition ; à ceux de Lou, une terre de salut. En 1970, il en fait, au sein du Velvet Underground, une chanson ; dans « Rock'n'Roll » - sur l'album *Loaded,* et avec en guise d'alter-ego une fillette -, c'est de New York que vient, via la radio, la promesse d'une renaissance, « *She started shakin' to that fine fine music / Her life was saved by rock'n'roll...* » : une question d'électricité, celle des guitares, celle des mots, celle de corps lancés dans une course folle. Car, sur la langue de terre coincée entre Hudson et East River, tout va plus vite, tout est plus vif, tout s'éprouve plus fort ; s'y installer, c'est s'éveiller d'un mauvais songe ; s'en éloigner, c'est retomber dans une mortelle torpeur.

En une demi-douzaine de syllabes – et en mode cri du cœur - « Walk on the Wild Side » dit tout : « *New York City's the place...* », la seule, l'unique, l'incomparable ville - s'en faire le poète, c'est s'inventer un destin. Et pour ce faire, se mesurer à ses maîtres littéraires, qui, tous, en ont arpenté les rues – et, à leurs manières respectives, réinventé les rythmes ; Kerouac, un allumé du jazz ; Ginsberg et Burroughs, des dynamiteurs de syntaxe ; Hubert Selby Jr, un enragé du *wild side*. New York, ville de mots – dans les parcs, des fous du soliloque ; dans les bars, des bardes en veux-tu en voilà ; dans les bavardages de tout chauffeur de taxi qui se respecte, un ou plusieurs romans ; sur un manche de guitare, Lou écrit le sien : en 1965, il a, au sortir de l'université, déjà signé « I'm Waiting for the Man », « Heroin » et « Venus in Furs », des morceaux appelés à devenir des standards du rock. Et à en changer le visage.

Avoir de la chance, un talent : parce qu'un enchaînement de circonstances permet au Velvet Underground de naître, et qu'un autre lui vaut d'être repéré par Warhol, Lou élargit son champ d'observation – aristocrates et voyous, pop art et avant-garde, contre-culture et commerces de toute nature, une comédie humaine qui ne demande qu'à être mise en chansons ; la chose faite, les mystères de la Factory font, grâce à « Walk on the Wild Side », les délices de Manhattan, ravie qu'est la ville se découvrir pareil portraitiste. Entre auteur et sujet, pas l'ombre d'un hiatus : Lou Reed, c'est New York, sa crasse et ses fastes, sa cruauté et sa féerie, son ironie et son romantisme – avec, pour les harmoniser, des fluctuations de ton d'une infinie malice. Lou est féroce, Lou est fleur bleue, Lou est drôle surtout ; dans des *mean streets* où l'humour a valeur de sauf-conduit, calquer sa voix sur la sienne devient l'ambition d'une génération.

Mission accomplie. La ville qui l'a tant fait rêver, le banlieusard de Long Island en devient le vivant emblème ; en 1998, sur la scène du Madison Square Garden, David Bowie salue son arrivée en ces termes : « *The King of New York himself, Mr Lou Reed* » ; un trône pour l'animal rock'n'roll, et ce n'est que justice.

> *Bonus Track 1 :* En lice pour la palme d'or de l'ode à Manhattan, deux chansons : cinq ans après que « Walk

on the Wild Side » ait célébré le magnétisme des lieux, « *Theme from New York New York* » en vante le pouvoir d'attraction : « *Start spreading the news, I'm leaving today / I want to be part of it, New York New York* » ; dans sa version, postérieure de quatre ans à celle figurant sur la B.O. du film de Scorsese, Frank Sinatra marche sur les brisées de Lou.

Bonus Track 2 : Un sillon, ça se laboure : par ordre chronologique, cinq autres grandes chansons new-yorkaises de Lou.

1 – « I'm Waiting for the Man », sur *The Velvet Underground & Nico,* 1967 : l'art de la saynète, avec en toile de fond Harlem. En vadrouille loin de chez lui, Lou s'y fait interpeller, « *Hey white boy, what you doin' uptown* ? » ; en guise de défense, il argue de la présence en ces lieux d'un « *très, très bon ami* » à lui - en la circonstance, son dealer, d'une ponctualité douteuse, « *He's never early, he's always late / The first thing you learn is that you've always got to wait* ». Une chanson à forte valeur documentaire : le grand amour de jeunesse de Lou – Shelley Albin – se souviendra d'avoir assisté à la scène, ou à une autre en tout point semblable.

2 – « Coney Island Baby », sur l'album du même titre, 1975 : New York, ville aux deux visages. D'un côté, sa plage – Coney Island – et ses nostalgies teintées d'homo-érotisme, « *I just wanted to play football for the coach* » ; de l'autre son pavé, « *Ah but remember the city is a funny place / Something like a circus or a sewer...* » : mi cirque mi égout, l'habitat de Lou parvenu à l'âge adulte. En prime, une merveille de mélodie en étages

– et une dédicace à Rachel, le garçon/fille qui partage à l'époque la vie du chanteur.
3 – « Tell It to your Heart », sur *Mistrial,* 1986 : Lou transi d'amour, pour sa deuxième épouse cette fois. Et prêt, pour le prouver, à employer les grands moyens, « *And I thought your name should be dancing / Beamed from satellite / Larger than any billboard on Times Square* » : dans un monde idéal, le nom de Sylvia devrait figurer en lettres lumineuses sur Broadway – et y rendre jalouses les pubs pour sodas.
4 – « Romeo Had Juliette », sur *New York,* 1989. Opération réécriture, de Shakespeare et de l'Histoire – pas plus de Montaigu que de Capulet, mais un Roméo Diaz, une Juliette Bell et un Christophe Colomb découvreur de New York ; cinq siècles plus tard, la ville vire Titanic, « *Manhattan's sinking like a rock / Into the filthy Hudson what a shock* ». Du grand Lou, sarcastique et sexy.
5 – « Small Town », sur *Songs for Drella,* 1990 : retour, en compagnie de John Cale, au thème de « Walk on the Wild Side ». Pour l'occasion, Lou s'exprime à travers Warhol, à qui l'album est dédié : « *I hate being odd in a small town / If they stare, let them stare in New York City* », ras-le-bol des bleds où on me traite en paria ; si je dois passer pour un animal de cirque, que ce soit à New York - la ville qui, de toute éternité, a offert l'asile aux *freaks,* aux intouchables et aux réprouvés.

Olympia, 28 boulevard des Capucines, Paris

Aux Français qui l'ont découvert avec « Walk on the Wild Side », Lou offre son premier véritable concert le 17 septembre 1973, dans un célèbre music-hall et un curieux état ; si l'ambition du glam est, pour partie, de faire l'éloge de l'insalubrité, la réussite est ici totale. Relooké zombie, notre chanteur entame son hit assis en tailleur, puis en bâcle l'interprétation en trois minutes – et, trou de mémoire ou je-m'en-foutisme, l'ampute pour ce faire de l'épisode Jackie ; le reste du show est à l'avenant, entre groupe balourd et pas de danse d'outre-tombe. Un naufrage ? Oui, et le public s'en réjouit : venus prendre une leçon de décadence, les fans de *Transformer* jubilent à la sortie ; deux jours plus tôt, Londres a, à Crystal Palace, eu droit au spectacle de Lou à la dérive, en plein air, en plein jour et devant des spectateurs pataugeant dans un lac d'ornement.

> *Bonus track* : Entre répétitions parisiennes et concert à l'Olympia, l'ex-épouse de Lou – le divorce a été prononcé trois mois plus tôt – met un terme définitif à leur vie commune. Raison de la désertion de Bettye, l'hygiène de vie du glam rocker : whisky au dîner, cognac en digestif, cocaïne à tout bout de champ, de

| menues difficultés relationnelles à prévoir.

Opioïde

Les gens voient le mal partout : selon la frange hardcore des fans de Lou, l'objet de désir de « Perfect Day » ne serait pas Bettye Kronstad mais l'héroïne, seule capable d'inspirer au chanteur un tel degré de lyrisme. Théorie démentie par l'intéressé ; la seule drogue dont il accepte d'entendre parler, c'est la sangria que mentionne explicitement la chanson.

P

Paris Theater, 4, West 58th Street, New York

Dans « Perfect Day », Lou et sa fiancée vont voir un film ; destination, le Paris Theater, un temple de l'architecture art-déco comme de la cinéphilie. Situé à une minute de flânerie de l'entrée sud de Central Park - et inauguré en 1948 par Marlène Dietrich -, cette salle a, des décennies durant, défendu la cause du cinéma européen, avec un goût particulier pour les metteurs en scène français ; parmi ses fidèles clients, David Bowie.

> *Bonus Track :* le 31 juillet 1996, Lou et David échangent au Paris Theater des sourires king-size. Raison de leurs mines réjouies, la première de *Basquiat,* le biopic où David fait un Warhol plus vrai que nature – et, pour cela, porte l'authentique perruque et les vraies lunettes du maître. Onze ans plus tard, le réalisateur du film – Julian Schnabel, par ailleurs peintre de renom –, mettra en scène une représentation de *Berlin,* l'album le plus simultanément culte et clivant de Lou ; lieu de tournage, la St. Ann's Warehouse de Brooklyn.

Park

La chose va tellement de soi que Lou se dispense de la préciser : le parc de « Perfect Day », c'est Central Park, le lieu de rendez-vous préféré des amoureux new-yorkais. Dans son livre, Bettye Kronstad apporte quelques précisions sur la genèse de la chanson : par un samedi d'été, elle et Lou se retrouvent dans un café en plein air, la tête pleine de leurs projets respectifs : espérant décrocher un rôle au cinéma, elle vient, le matin même, de passer une audition ; en réponse, il lui parle d'une tournée à venir. La belle vie – surtout quand on a devant soi un pichet – « *drinking sangria in the park...* » -, et qu'il ne s'agit que du premier de la journée. Date mystère : dans son livre, Bettye situe la scène en 1972, une hypothèse que remet en question l'existence d'une première version de « Perfect Day », enregistrée par Lou durant l'automne 71.

Perfect Day

Le changement de ton s'observe durant les sessions de *Loaded* : sur l'une des démos qu'enregistre alors le Velvet, on apprend que Cupidon fait chaque jour des géants - « Love Makes You Feel Ten Feet Tall », une nouveauté dans un univers où, auparavant, les tendres sentiments rimaient avec désastre, « Femme Fatale » et « The Gift » en témoignent. Lors de la sortie de « Perfect Day » (*cf. Kronstad, Bettye*), la conversion de Lou est plus radicale encore : cette fois, l'amour donne des ailes, à la mélodie comme aux couplets – et aux arrangements aussi, qui se refusent à toucher terre ; d'une beauté trop racée pour faire tapisserie en face B, la chanson va, un quart de siècle après sa sortie, devenir une star des hit-parades. Et valoir à son auteur une constellation de prestigieux amis. En 1997, la BBC voit grand : pour sa version à elle de « Perfect Day », elle offre à Lou le renfort de David Bowie, de Bono, d'Elton John et de tout plein d'autres – à l'intention des fans de country, de rock indé et de crooners gallois, Tammy Wynette, Brett Anderson, Tom Jones et un bataillon de collègues répondent à l'appel ; destiné à venir en aide aux enfants défavorisés, le résultat, appuyé par un clip avec lapins et papillons, atteint la première place des charts. Une occasion, ça s'attrape par le col : au printemps suivant, Lou intitule *Perfect Night* un album enregistré lors de l'édition 97 du Meltdown Festival de Londres ; chargée de la programmation du prestigieux événement, Laurie Anderson, qui, dix ans plus tard, deviendra la troisième madame Reed.

Bonus Track 1 : Pas de grande chanson de Lou sans un soupçon d'ambiguïté : le passage le plus troublant de « Perfect Day » - « *You're gonna reap just what you sow* », tout se paie en ce bas monde – évoque-t-il la fatalité d'une overdose (*cf. Opioïde)* ou celle d'un divorce ? À l'appui de la première hypothèse, l'emploi de la chanson durant une scène de *Trainspotting,* le film (Danny Boyle, 1996) ; susceptible d'étayer la seconde, l'issue de l'union entre Lou et Bettye (*cf. Olympia).* Perte de mémoire ? Quand, en 2003, Lou réenregistre « Perfect Day » pour *The Raven* – et en confie l'interprétation à Antony Hegarty-, la phrase litigieuse a disparu.

Bonus Track 2 : De toutes les entreprises collaboratives, l'une des plus pittoresques : le 28 mai 2002, Lou entre sur scène à Modène ; dans son sillage, un enfant du pays, Luciano Pavarotti ; prétexte à leur duo, une version de « Perfect Day », enregistrée au profit des enfants d'Angola. À entendre – et à voir, ne serait-ce que pour le sérieux papal qu'affiche de bout en bout la rock star.

Bonus Track 3 : Qu'advient-il des chansons chères aux cœurs des *boomers* ? Elles finissent, tôt ou tard, par donner des idées aux publicitaires : durant les jeux olympiques d'hiver de 2010, une snowboardeuse enchaîne, à l'écran, les figures aériennes ; en guise de bande-son, « Perfect Day », dont une entreprise de téléphonie – AT&T – s'est procuré les droits ; trois ans plus tard, le lancement d'une PlayStation Sony vaut à la chanson de reprendre du service ; sources d'inspiration du clip, les films où il fait bon trucider son prochain ; instruments susceptibles de rendre une journée parfaite, la hache viking, le bolide automobile ou le flingue de Robocop.

Punk

« Walk on the Wild Side », brûlot punk ? Au sens 1972/1973 du terme, l'idée se défend : si le qualificatif désigne, à l'origine, un rock d'une crâne incompétence, son emploi laudateur est le fait de *rock critics* qui, tous, en ont soupé de l'esprit de sérieux ; parmi eux, un fort contingent de fans de Lou – à leurs yeux, *Transformer* rime avec transgressif ; chanson phare de l'album, « Walk on the Wild Side » a, lors de sa sortie, l'immense vertu de subvertir les codes du hit-single . Et de le faire avec un sourire en coin – un très jouissif exemple de *punk attitude,* telle qu'à l'époque illustrée par David Bowie, Roxy Music et les New York Dolls.

Bonus Track : Mai 1971 : dans le magazine *Creem* – et dans un papier consacré à Question Mark and the Mysterians -, Dave Marsh vante une « défense et illustration du punk rock » ; auparavant inconnu des mélomanes, le concept fait rapidement fureur. À idée iconoclaste, écriture enragée : dans *Creem* toujours, *Transformer* et « Walk on the Wild Side » ont, en février 73, droit à une chronique punk à donf' : sous la plume de Robot A. Hull, l'album apporte « une preuve de plus que Lou Reed s'est mué en quelque chose de plus répugnant encore qu'un ponte du porno qui ferait des heures sup' en tant que violeur/tueur de masse... » Descente en flammes ? Que nenni : nonobstant ses entorses à la morale publique, « ce disque s'impose à la manière des chefs-d'œuvre, plus on l'écoute, moins on peut s'en passer » ; s'agissant du single, il a pour atouts « l'admirable phrasé-nez-bouché de Lou » et « des paroles à vous faire cailler le sang dans les veines » ; conclusion de Robot, Lou est « un déchet social pur jus, et je ne vois pas comment il pourrait tomber plus bas... » - à Détroit, où *Creem,* Alice Cooper et les Stooges ont leurs quartiers généraux, pareil verdict vaut de l'or.

Queer

Que Lou ait un penchant pour l'innovation, nul n'en doute ; au lendemain de son décès, le chanteur de REM, Michael Stipe, voit en lui « la première icône queer du XXIe siècle, trente ans avant que celui-ci ait commencé » (*Rolling Stone,* 21 novembre 2013). Traduction : inventer, avec trois décennies d'avance, la sexualité du troisième millénaire, Lou s'y emploie dès « Walk on the Wild Side » - et, à cette fin, se fait un plaisir de flouter, brouiller, rendre poreuses les frontières entre les identités de genre ; commencée en chanson, l'entreprise se poursuit au travers d'une kyrielle d'interviews *seventies.*

Reprises

Sur la première version connue de « Walk on the

Wild Side » (*cf. Fan Club*), Lou cède la place aux filles, « *This is the girls' part...* » *;* sur cette lancée, les interprètes féminines vont, un demi-siècle durant, ré-enchanter son tube : sélection.

1 – Tokunbo Akinro : une authentique « *colored girl* », vocaliste du duo germanique Tok Tok Tok ; une touche de saxophone, la caresse d'une voix, le *wild side* au-delà des nuages - album *Love Again,* 2005.

2 – Natalia Mateo : l'une des convictions de Lou, c'est que moins, c'est mieux ; pour le rappeler, une fille d'Europe centrale tire « Walk on the Wild Side » vers l'épure – album *Heart of Darkness,*

3 – Rickie Lee Jones : le *wild side* détroussé de son saxo, de ses filles de couleur et de ses « doo de doo » - et c'est presque mieux comme ça ; artisans du miracle, un piano et un chant d'une science infinie – album *The Power of the Heart, a tribute to Lou Reed* (2024).

4- Susie Vanner : à quinze ans, Lou dévore dans sa chambre les romans de Ian Fleming ; en 2020, une ex-James Bond girl acclimate « Walk on the Wild Side à l'univers de 007 ; au programme, virée sur les *dance floor* et martini - album *In These Shoes.*

5- – Ami Spears : les aventures de ses chansons, Lou les suit de près. En 2012 et pour une *web radio*, il se fait DJ ; lors de l'épisode final de son émission – *New York Shuffle* -, averse de louanges pour un groupe à l'œuvre confidentielle, les Flowers of Hell. Suit un enchainement de deux titres, l'un comme l'autre tirés de l'album *Odes ;* par ordre d'apparition, « O Superheroin » et « Mr Tambourine Man » - raison de ces sélections, la première hybride « Heroin » et le « O Superman » de Laurie Anderson, la seconde fait jouer le hit de Dylan par le Velvet de « Venus in Furs » ; au micro Nico, ou peu s'en faut. Modestie coupable : Lou omet de signaler la présence sur l'album d'un trésor issu de son *songbook* ; non content de dénicher le texte original de « Walk on the Wild Side », son groupe fétiche du jour en a confié l'interprétation à une petite sœur de Moe Tucker, Ami Spears ; cœur de cible touché, celui du fan chavire.

> *Bonus Track :* Moins un groupe qu'un collectif à vocation expérimentale, les Flowers of Hell ont à leur actif cinq disques ; seul à privilégier les voix, *Odes* trouve son origine dans un projet de EP hommage au Velvet. Échange de bons procédés - réédité en vinyle en 2023, l'album arbore sur sa pochette un satisfecit de Lou : « *So beautiful and great... an amazing, amazing album. Exquisite.* »

Rock, Mick (1948-2021)

En un mois, trois concerts, trois photos, trois rendez-vous avec l'Histoire.

Le 17 juin 1972, les Spiders From Mars sont à

Oxford ; des clichés pris à cette occasion, l'un ravit tellement leur extraterrestre chanteur qu'il casse sa tirelire – et s'offre, en guise de pub, une page entière du *Melody Maker*. En ouvrant l'édition du 8 juillet, le Royaume-Uni reste bouche bée : à genoux devant Mick Ronson, David Bowie fait mine de lui bouloter ses cordes de Gibson ; des étoiles plein les yeux, un public d'étudiants n'en rate pas une miette. Des banlieues de brique aux manoirs à vertes pelouses– et dans les chaumières et chambrettes aussi -, l'image fait causer ; en un éclair, *The Rise and Fall of Ziggy Stardust* devient le *Sgt. Pepper's* de la génération glam.

Le 15 juillet au petit matin, Lou donne son premier concert à Londres ; devant la scène, le photographe d'Oxford, qui, désormais, fait partie de l'équipe Mainman, mitraille à tout-va – et récidive la nuit suivante, au profit d'Iggy Pop et des Stooges. Inutile de soigner les éclairages en studio : leurs portraits définitifs, Lou et Iggy les tiennent ; à rebours de la tendance dominante des années glam, les pochettes de *Transformer* et *Raw Power* s'orneront de photos prises *live*, l'une comme l'autre signées Mick Rock. Ce qui est bon pour l'album l'est aussi pour le single ; chez les disquaires, « Walk on the Wild Side » compte, au nombre de ses arguments de vente, le visage de Lou, l'œil agrandi de fard, le regard lointain, l'air d'avoir assisté aux scènes les moins avouables – de quoi faire carburer les imaginations, et valoir à l'image de bientôt orner T-shirts et posters, puis, dix ans plus tard, la pochette d'un second 33 tours, *The Blue Mask ;* entre temps, Lou et Mick sont devenus les meilleurs amis du monde. Sur les conseils du premier, le second emménage à New York ; en 1975, c'est devant son objectif que Lou pose pour les sessions photos de *Coney Island Baby* : bingo, un portrait avec chapeau melon sur l'œil va, lui aussi, faire date.

Bonus Track 1 : Bien qu'elle fasse, sur tous les continents, appel au talent de Mick Rock, la pochette de « Walk on the Wild Side » change selon les pays. Fidèle au portrait de Transformer dans certains, elle opte dans d'autres pour une scène de concert; prisée des amateurs, la version espagnole fait de la couleur un usage effrontément provocateur.

Bonus Track 2 : Photographier un Iggy, c'est à la portée de tout le monde, ou presque ; en avoir photographié deux, seul Mick Rock peut s'en targuer. Car avant Bowie il y a eu Barrett, et avant Oxford, Cambridge – où, à la fin des *sixties*, Mick étudie avec une égale ardeur la poésie d'antan et le rock du moment ; des figures locales, celle qui le marque le plus est le chanteur/compositeur/guitariste de Pink Floyd : naissance d'une complicité, débuts dans une nouvelle carrière. En 1969, Mick, en service commandé, sonne à la porte de Syd Barrett, alors résident de Londres ; pour lui ouvrir, une fille aussi brune que nue : cet automne-là, Iggy the Eskimo – née Evelyn Joyce - partage la vie du maître des lieux, et se retrouve, le printemps venu, au verso de la pochette de son premier et mythique album solo, *The Madcap Laughs.* Avec, pour tout vêtement, sa chevelure, un must chez les Iggys.

Ronson, Mick (1946-1993)

Aire de décollage, un terrain de rugby du Yorkshire ; lieux d'atterrissage, la planète Mars d'abord, le New York de Warhol ensuite – ce qui, vu de la bonne ville de Hull, revient à peu de choses prêt au même. En janvier 1970, Mick Ronson est affairé à tracer des lignes blanches sur une pelouse ; sur les instances d'un gars du coin, devenu batteur de Bowie, il part pour Londres, y voit David au Marquee et intègre sa bande ; l'année suivante, il fait, en studio, ses débuts d'Araignée de l'Espace ; la suivante encore, il cumule les fonctions de *guitar hero* glam et de producteur adjoint – autant dire maître d'œuvre – de l'album et du single qui vont faire de Lou Reed un monstre sacré du rock, option vernis à ongle et Manhattan sans fard.
Lou et Mick Ronson en studio, c'est une entente d'autant plus cordiale qu'elle se passe de phrases ; divisés par une même langue – l'un parle couramment le new-yorkais, l'autre marmonne l'anglais du nord industrieux -, ils laissent leurs guitares faire la causette ; en résultent d'admirables

dialogues, d'où les idées du songwriter ressortent embellies, emperlées, prêtes à flatter les oreilles. Réduire Ronson à son seul rôle de roi du riff/solo – Eddie Cochran, il connaît, et Jeff Beck aussi – serait toutefois très injuste : les somptueux arrangements de cordes de « Perfect Day », il en est l'auteur ; l'exquise partie de piano, c'est également lui qui la joue.
La polyvalence, ça mène loin : secoué par la dissolution des Spiders, Mick cuve son blues à New York ; dans un bar, une tête connue – le lendemain, cent cinquante chansons à réviser, le surlendemain, cent de plus ; en 1975, un gars de Hull va jouer de la guitare derrière Bob Dylan.

> *Bonus Track :* À Mick Ronson, les fans du Velvet reconnaissants : un son de guitare comme celui des versions Spiders de « I'm Waiting for the Man » et « White Light/White Heat », on en redemande, *live* ou en studio.

Ross, Ronnie (1933-1991)

Dans « Walk on the Wilde Side », la basse donne le *la*, le saxophone signe le coda ; pour en jouer – et incruster le résultant solo dans des millions de têtes -, un vétéran du jazz londonien. Explication : en 1960, le téléphone de Ronnie Ross sonne ; au bout du fil, un gamin de treize ans, candidat à des cours de saxo – douze ans plus tard, c'est à la reconnaissance de l'ancien élève, devenu David Bowie, que le prof doit son heure de gloire.

Bonus Track : Avant le côté sauvage, il y a eu les sucreries : dans « Savoy Truffle » (Beatles, 1968), George Harrison énumère ses variétés de chocolats préférées ; parmi la demi-douzaine de saxophonistes conviés à la dégustation, Ronnie Ross.

S

Scooter

Scène de la rue new-yorkaise – course, slalom, coups de sang ; l'ordinaire du piéton, seul contre tous et toutes. Pour épargner à ses concitoyens cette épreuve, Lou a une solution, et s'en ouvre face à la caméra : « *Hey, don't settle for walking ...* », user ses nerfs et ses semelles, c'est ballot. Les gens cool, eux, prennent exemple sur l'ennemi de la marche : leurs lunettes les plus noires sur les nez, ils enfourchent un scooter, pour la circonstance garé devant le Bottom Line – ça se passe comme ça en 1984, et c'est dans une pub tournée pour le compte de Honda ; en guise de bande-son, « Walk on the Wild Side ».

Bonus Track : dans la vraie vie, hors de question pour

Lou de chevaucher un deux-roues à vocation urbaine ; son truc des années 1980, c'est les routes de campagne et les grosses cylindrées, de marque Kawasaki ou Harley Davidson : « *I love my GPZ so much, you know that I could kiss her...* », c'est dans « New Sensations » (1984). *Born to be wild*, Lou ?

Scott, Ken

Un pro des studios : ingénieur du son pour les Beatles, coproducteur de Bowie, participe aux séances d'enregistrement de « Walk on the Wild Side » - une chanson dont il se dispense d'écouter les paroles, mais apprécie les onomatopées ; les filles chargées de faire « *doo de doo* », c'est lui qui les trouve.

Speed

Écouter Lou, c'est s'instruire. En 1972, l'excès de vitesse de « Walk on the Wild Side » - « *Jackie is just speeding away / Thought she was James Dean for a day...* » laisse les novices de marbre, et la consécutive sortie de route aussi, « *then I guess she had to crash...* » ; six mois plus tard, les aînés ont dispensé leur sagesse – derrière l'accident, un abus d'amphétamines ; à la Factory, le *speed* fait partie des denrées de première nécessité.

Stoecker, Karl

Le glam, c'est le retour en force de l'esthétique des années 1930 à 1950, version Hollywood – avec, *camp attitude* oblige, le zeste d'ironie dont s'accompagnent les mises en scène. Cet équilibre entre distance et célébration, un Américain de Londres en devient le spécialiste ; époux d'une fille d'Errol Flynn et complice historique de Bryan Ferry – la vamp du premier 33 tours de Roxy Music, c'est lui qui la prend en photo, avant de faire de même pour les pochettes des trois albums suivants – Karl Stoecker a pour autre titre de gloire d'avoir, au verso de *Transformer,* traduit en images l'interrogation de « Walk on the Wild Side », à savoir « *he or she* » ? Réponse suggérée, « *he and she* » - en 1972, la binarité bat de l'aile (*cf. Mitchell, Gala*).

> *Bonus Track :* en 1962, la route de Karl croise une première fois celle de Lou ; à l'université de Syracuse, ils font, tous deux, partie de l'équipe rédactionnelle du *Lonely Woman Quarterly.* (*cf. Jazz).* Comme Karl a autant d'allure que d'allant, Lou l'invite en vacances à Long Island - et, lors du trajet en voiture, emboutit un péage d'autoroute ; bilan, un permis de conduire qui s'envole.

Stonewall Inn, 51-53 Christopher Street New York

Les pionniers de la transition de « *he* » à « *she* » – et de son inverse -, c'est au Stonewall qu'ils se sentent chez eux ; la police s'en alarme, une émeute éclate : le 28 juin 1969, au petit matin, les *cops* cherchent des noises à une dame un peu virile ; son crime, ne pas porter des vêtements « *appropriés à son genre* ». Les esprits s'échauffent, le West Village s'enflamme, le bar ferme mais le *Gay Liberation Front* voit le jour ; cinq ans plus tard, Lou s'établira dans un logement situé pile au-dessus de l'ancien Stonewall, haut lieu du *wild side* s'il en fut.

> *Bonus Track :* pas d'événement historique sans controverse ; sur l'identité de la résistante du 28 juin, les versions s'affrontent – lesbienne *butch* aux dires des uns, travesti *black* pour les autres. Une certitude : cette nuit-là, le Stonewall prend feu ; aux voitures de police succèdent les camions de pompiers.

St Mark's Church-in-the-Bowery, Second Avenue and Tenth Street, New York

Séquence hésitations : au moment où Lou écrit « Walk on the Wild Side », son cœur balance, entre chanson et poésie comme entre filles et garçons ;

symptôme de ces incertitudes, sa seule et unique séance de lecture publique. Le 10 mars 1971, Allen Ginsberg va au spectacle, et Patti Smith aussi ; leur destination, une église du Lower East Side, où Lou étrenne ses nouveaux textes ; parmi eux, une nouvelle intitulée *Do Angels Need Haircuts?*, les séraphins vont-ils chez le coiffeur ? Résumé express : dans un bar, un garçon se regarde dans le miroir, s'y trouve plutôt mignon – « *oh, he was beautiful tonight* » - et reçoit l'hommage d'un client, « *You're an adorable Greek god* » ; sa bière finie, le dieu hellène rentre sous la pluie chez lui, y réveille sa copine, se demande si le temps n'est pas venu de se marier et se sent, soudain, « *très, très, très effrayé* » ; entre l'appel du *wild side* et l'attrait de la conjugalité, le bras de fer est sans fin.

Bonus Track 1 : en première partie de Lou, la St Mark's Church accueille Jim Carroll – le poète et musicien qui, lors de l'enregistrement de l'ultime concert du Velvet, tenait le micro et commandait un Pernod.
Bonus Track 2 : Lou à la St Marks Church, bide ou triomphe ? Selon l'organisatrice de la soirée, l'énergie et la voix de l'homme de scène enchantent « le monde de la culture alternative » ; arbitre des élégances poétiques, Ginsberg « rayonne d'approbation » ; dans *Perfect Day*, Bettye Kronstad garde le souvenir d'un public déçu de ne pas retrouver le chanteur du Velvet – et d'une soirée qui se termine chez Max's, où Lou se soûle consciencieusement.

Sugar Plum Fairy, 1936-2005

Où un nom de scène éclipse celui reçu à la naissance : l'essentiel de sa renommée, Joe Campbell le doit au sobriquet – *The Sugar Plum Fairy* – qui, après lui avoir été attribué lors du tournage de *My Hustler,* réapparaît dans « Walk on the Wild Side » ; cette fois, l'homme se nourrit de *soul food* et va danser à l'Apollo, « *You should have seen them go go go* ». Dans les lexiques de parler urbain, *a sugar plum fairy* est le contraire d'un dealer ; l'euphorie que lui procurent les hallucinogènes, il la fait partager sans contrepartie – en décernant à Campbell cette appellation, Dorothy Dean (*cf. Tiny Malice*) salue l'altruisme d'un garçon dont elle est éprise.

> *Bonus Track 1 :* dans *My Hustler,* Joe Campbell incarne un gigolo trentenaire, en villégiature à la mer ; auparavant, il a, dans le civil, été l'amant d'une future célébrité de la politique. À vingt ans, Joe entame une liaison avec Harvey Milk, qui, parti pour San Francisco, y devient un champion de la cause gay – et, en 1978, la victime d'un assassinat ; à l'écran et dans *Milk* (Gus Van Sant, 2008) Sean Penn joue son rôle.
> *Bonus Track 2 :* Tchaïkovski ou Walt Disney ? Ballet ou film d'animation ? Dans *Casse-Noisette* comme dans *Fantasia* – la seconde œuvre empruntant à la première, elle-même tirée d'un conte d'Hoffmann – on assiste à une *Danse de la fée Dragée,* qui en anglais

devient *The Dance of the Sugar Plum Fairy* : entrechats, pointes et violons, la vie est ici tout sauf *wild.*

Summer's Day

Après les enregistrements de salon (*cf. Fan Club*), le temps des ébauches : en octobre 1971, Lou et Richard Robinson investissent un studio de la 43e rue, où une première version de « Perfect Day » voit le jour. Faux départ : « *What a summer's day, drink sangria in the park… fuck!* », face à des accords retors, Lou s'agace, s'esclaffe et se remet au boulot ; la deuxième prise, qui se clôt sur un ravissant « *pah pah pah pah pah pah* », figure sur une réédition cd de *Transformer ;* la première sur *I'm So Free: The 1971 RCA Demos,* sorti à l'occasion du Disquaire Day 2022 – à l'affiche guitare et voix, l'une sèche et l'autre pas.

Bonus Track : Au 40, Lincoln Center Plaza, la New York Public Library for the Performing Arts abrite les archives Lou Reed – des photos, des écrits, des enregistrements vidéo et des bandes magnétiques à foison ; parmi les trésors accessibles aux visiteurs, une démo de « Perfect Day » sur laquelle Bettye Kronstad s'illustre au chant, et Lou au piano.

Supremes

Les dénominations varient – emprunt, fauche,

citation ou clin d'œil – mais la pratique est plusieurs fois centenaire : de tout temps, accords, couplets et refrains ont circulé d'une chanson à l'autre, d'une vielle à un banjo, de la bouche d'un baladin à celle d'un bluesman ; dans « Perfect Day », Lou ouvre grande la porte à l'un de ses groupes soul favoris, les Supremes. Objet de cet accueil, le refrain « *You just keep me hangin' on...* », que chantent – avec un égal entrain, quoique sur un tempo différent – Diana Ross et son fan, la première en 1962, le second une décennie plus tard. Les tubes que Lou a aimés à vingt ans, jamais il ne s'en lasse ; en concert et durant les *seventies*, il interpréte à de multiples reprises « You Keep Me Hangin' On » - et fait, au passage, le bonheur des *bootleggers*.

> *Bonus Track* : Lou, sur la version *Take no Prisoners* de « Walk on the Wild Side » : « *Diana Ross by the way is great, as a person...* » *;* la chanteuse de « Baby Love », c'est une chic fille.

T

Thompson, Hank 1925-2007

Avant le livre, il y a eu une chanson : quand Nelson Algren, grand connaisseur des musiques rustiques, choisit d'intituler son roman de 1956 *A Walk on the Wild Side,* il le fait en hommage à Hank Thompson, interprète quatre ans plus tôt d'un immense hit country, « The Wild Side of Life ». Argument : le *côté sauvage*, un fléau pour la société ; sous son emprise, des jeunes filles préfèrent les joies des bastringues à celles de la cuisine – l'année suivante, Kitty Wells chantera « It Wasn't God Who Made Honky Tonk Angels », riposte proto-féministe promise à un égal succès.

> *Bonus Track :* en virée à moto, Lou fait une halte dans un bar, y repère un juke-box et sélectionne une chanson *hillbilly* – c'est dans « New Sensations », 1982 ; au cours de son émission radio (*cf. Reprises),* il se proclamera fan de Loretta Lynn et Dolly Parton.

Thormahlen, Ernie

Lou en fille, c'est mignon (*cf. Mitchell, Gala*) ; le même en mec, ça décoiffe : au verso de *Transformer,* un malabar tout droit sorti de *Scorpio Rising* – autrement dit de *L'Équipée sauvage,* revue et homo-érotisée par Kenneth Anger. Avec, en sus des biscotos costauds et de la casquette SS, un jean à faire passer celui de *Sticky Fingers* pour une tenue de communiant ; secret de fabrication, la volumineuse banane planquée derrière la braguette – résultat, le prototype du pédé cuir, tel

que les *seventies* le verront fleurir sur Christopher Street (*cf. Stonewall*).
La réalité est, à son habitude, plus prosaïque : dans la vraie vie, le Lou super-hyper – « *he* » a pour nom Ernie Thormahlen et pour profession celle de road-manager – un porteur d'amplis, dont la plastique nourrit en 1972 fantasmes et supputations.

> *Bonus Track :* le 18 mai 2010, New York célèbre la vie et l'œuvre de Kenneth Anger ; à la Hiro Ballroom, les musiciens se succèdent. En vedettes, Sonic Youth et Lou Reed - la fine fleur du rock underground, venue rendre hommage au cinéma du même nom.

Thunder Thighs

Rôles de composition : en studio, les « *colored girls* » de Walk on the Wild Side » sont trois, et aucune d'entre elles n'est d'origine afro-américaine ; recrutées par Ken Scott, Dari Lalou, Karen Friedman et Casey Singe donneront en 1974 une suite au single de Lou - dans « Central Park Arrest », les « *doo de doo* » sont en retour, et le Top 30 britannique en vue. Effets spéciaux, des coups de feu et sirènes de police – le *wild side*, encore et toujours.

> *Bonus track* : aussi têtus qu'entêtants, les « *doo de doos* » : en 1976, ils sont de retour sur un hit de Rod Stewart, « The Killing of Georgie » - entre Broadway et la 5e Avenue, chronique d'un meurtre homophobe.

Times Square, 42nd Street and Broadway, New York

16 mai 1971 : en visite chez Robinsons (*cf. Fan Club*), Lou y étrenne une première mouture de « Walk on the Wild Side » ; parmi les artères qu'énumère alors la chanson, la 42e rue – celle qui, entre Broadway et la 8e Avenue, offre, à l'époque, un *best of* des industries du plaisir. Et de son artisanat aussi ; familier des lieux, Lou l'est également de la gamme d'activités qu'ils rendent envisageables : « *All the way until you get to forty-two / Look at all the things you know you're gonna do...* » - pour se faire une idée de ce que notre chanteur à en tête, détour du côté de la littérature.

1962 : au sommaire du troisième – et dernier – numéro du *Lonely Woman Quarterly* (*cf. Jazz*), une nouvelle, signée Luis Reed. Dans *And What, Little Boy, Will You Trade for Your Horse?,* un jeune type, en visite à Times Square, y dérive de librairies douteuses en cinémas pornos ; objets de sa fascination, les *hustlers,* leurs mimiques et leurs rires ; destination finale, le bar où un monsieur/madame lui glisse la langue dans l'oreille – puis, en préambule à de nouvelles aventures, l'abreuve de whisky.

Tiny Malice (1932-1987)

Un surnom, encore – celui-ci attribué à une fille dont l'un des talents fut d'en inventer pour les autres. La parole à Lou et à « Walk on the Wild Side », version *Take No Prisoners* : « *Sugar Plum Fairy, now the person who loves the Sugar Plum Fairy is terrible… a real terror… we call her Tiny Malice, Dorothy Dean…* ». « Tiny » - haute comme deux pommes et demie – Dorothy l'est peut-être, mais des armoires à glace tremblent devant elle ; sources de son pouvoir, un esprit et un regard également assassins. Des atouts auxquelles cette diplômée de Harvard doit d'exercer, à Max's Kansas City, les fonctions de physionomiste et videuse : un coup d'œil, et l'importun renonce à s'aventurer dans la *backroom ;* avant d'ainsi devenir cerbère, Dorothy a travaillé au *New Yorker,* fait une apparition éclair dans *My Hustler* et s'est elle-même dépeinte en « pédé blanc coincé dans un corps de femme noire » - coincée peut-être, mais pas sur le plan de l'imagination ; hybrider Dracula et Cinderella/Cendrillon, elle est la première à le faire, nantissant Andy Warhol d'un surnom et Lou du titre d'un album à venir, *Songs for Drella.*

Tots

Pas de tournée sans groupe : début 1972, Lou a besoin d'un batteur, d'un bassiste et de deux guitaristes, bon marché si possible ; sur un tuyau, il file dans une banlieue de New York, y embauche quatre lycéens, leur enseigne vite fait l'art et la manière de jouer les chansons du Velvet et ses nouvelles compos – puis, ayant près de deux fois leur âge, les baptise les Tots, en V.F. les marmots. Débuts en juin à l'université de Buffalo, saut dans le grand bain à Londres et en juillet, retour à la maison pour la tournée *Transformer ;* avant le concert inaugural (*cf. Alice Tully Hall*), session radio fin décembre à Hempstead, Long Island : à défaut d'être des monstres de virtuosité, les Tots se mettent, ici, au service du chant le plus captivant qui soit, à parts égales altier et enjôleur – Lou ne s'étant encore lassé ni de la séduction de sa voix ni de celle de ses chansons, une épatante version live de « Walk on the Wild Side » s'enregistre un lendemain de Noël. Et, depuis 2002, figure sur l'album témoignage *American Poet.*

Transformer

Si « Walk on the Wild Side » fait une géniale bande-annonce, le grand film n'est pas mal non plus : *Transformer*, c'est, en onze chansons, du bel et bon cinéma new-yorkais, truffé de séquences estampillées Andy Warhol : l'idée du titre d'ouverture, « Vicious » (« *Vicious, you hit me with a flower / You do it every hour...* »), c'est lui qui l'a soufflée à Lou ; la poitrine de « Andy's Chest », c'est la sienne ; les cancans de « New York Telephone Conversation » (« *Did you hear who did what to whom...)*, ce sont ceux de son entourage. Mention spéciale à « Make Up », la chanson la plus politique que Lou ait jusqu'alors signée : « *We're coming out / Out of our closets / Out on the streets / Yes, we're coming out...* », une communauté sort du placard, et nul ne l'y fera rentrer.

Trident Studios
17 St. Anne's Court Londres

Lou et la quête du son idéal, c'est un roman, du genre fleuve ; au chapitre *early seventies*, l'une des convictions qui l'animent est celle de la supériorité des studios britanniques – aussi peu fan des Beatles qu'il soit, travailler entre des murs où ces derniers ont enregistré « Hey Jude » n'est pas pour lui déplaire, d'autant que David Bowie vient d'y faire de même pour *Hunky Dory* et *Ziggy Stardust*. Des disques géants, sortis d'une micro ruelle de Soho - au début des années 1970, St. Anne's Court prend rendez-vous avec la postérité ; sur une façade qui fut celle des studios Trident, une plaque de métal ronde et bleue commémore, aujourd'hui, la naissance en ces lieux de « Life on Mars », « Starman » et « Walk on the Wild Side ».

U-turn

Revirement, volte-face, virage sur l'aile – six mois après la sortie de « Walk on the Wild Side », Lou a, déjà, pris en grippe son hit ; en cause, les concessions au *commercialisme* dont d'aucuns l'accusent. Le problème, c'est qu'au nombre de ces procureurs figure notre chanteur lui-même, ou, à tout le moins, son surmoi artistique et littéraire ; peu avant de s'éteindre, son mentor Delmore Schwartz - le poète/parrain spirituel qui, à l'université, l'initia aux mystères du verbe - l'a adjuré de ne jamais, au grand jamais, prostituer son talent. Et a menacé, en cas d'infraction à cet interdit, de sortir de sa tombe et de venir le hanter. Or voici qu'à trente ans Lou se retrouve pop star, avec, pour corollaire obligation, celle de donner à son public ce que celui-ci attend de lui. Ce scandale ne saurait durer : sur l'album qu'il enregistre durant l'été 73, tout est mis en œuvre pour faire décamper les fans de « Walk on the Wild Side » - les abysses de la drogue et de l'obsession érotique, les compos de *Transformer* les effleuraient d'un pas aérien ; le contraire de *Berlin,* de ses chansons fondrières et de ses arrangements viande saignante/chantilly. Porté disparu, l'humour, qui, depuis les singles des années lycée, était la marque de Lou ; de l'alliance du velours et du venin, seul a désormais droit de cité le second – résultat, des critiques meurtrières ; en concluant la sienne *Goodbye, Lou,* le magazine *Rolling Stone* résume le sentiment du commun des mortels. Les seuls à supporter l'écoute répétée de *Berlin,* ce sont les fans *hardcore,* ou du moins leur frange radicale ; les autres, un château hanté, ils veulent bien le visiter ; pour ce qu'y est d'y prendre pension, l'enthousiasme est moindre - les chorales de spectres, ça vous gâche la digestion.

Du point de vue de Lou, l'objectif est à 100 % atteint. Artiste maudit, il l'est à nouveau, et ça le comble d'aise ; quarante ans durant, jamais il n'en démordra : son enfant préféré, c'est *Berlin* – à égalité, cela va de soi, avec *Metal Machine Music*

V

Velvet

Les disques pirates, une institution d'utilité publique : grâce à l'un d'eux, les fans peuvent entendre « Walk on the Wild Side » voir le jour – à moins que ce ne soit la nuit - à Max's Kansas City. Fin juin/début juillet, le Velvet Underground répète au 213 de Park Avenue South ; à la basse et à la batterie, Doug et Billy Yule, aux guitares, Sterling Morrison et Lou – ambiance rires et chansons, avec, pour se mettre en train, un florilège de classiques et de titres de *Loaded*, auxquels viennent s'ajouter reprises et ébauches : pour qui rêve d'entendre le Velvet jouer trente secondes de « Little Queenie », c'est ici que ça se passe ; pour celles et ceux qui se demandent d'où sort le riff de « Walk on the Wild Side », c'est ici encore que se trouve la réponse. Car après sa visite éclair au standard de Chuck Berry, Lou embraye sur un aperçu de ce qui s'intitule alors « Good Lovin' » : deux lignes de texte – « *Good lovin', good lovin' / Come a little closer...* » et une intro à la guitare qui, deux ans plus tard, deviendra, l'électricité en moins, celle de son premier hit.

Viennent, juste après, un hommage chanté au proprio – « *Oh Oh Mickey, you're the best club owner in New York* » – et, improvisé vite fait, un allègre jingle, « *We love Max's Kansas City / Where all the pretty people go...* » : l'occasion, pour toute la bande, de se marrer un bon coup.

> *Bonus track :* une fois encore, c'est Brigid Polk – et son magnéto à cassette (*cf. Mainman*) – qu'il faut remercier pour l'unique enregistrement connu de « Good Lovin' ».

Voorman, Klaus

Avant de jouer de la basse sur « Perfect Day », Klaus Voorman a fait la connaissance des Beatles à Hambourg – et, en 1966, conçu et réalisé la pochette d'un album que tout le monde a chez soi : l'artwork de *Revolver,* c'est à lui qu'on le doit.

> *Bonus track* : brève rencontre, remémorée par Lou – au sortir de Max's Kansas City, Brian Epstein l'invite, en 1967, à partager sa limousine, et un joint aussi ; la fumée dans les yeux, le manager des Beatles déclare qu'en cas de séjour sur une île déserte, l'un de ses trois albums de survie serait *The Velvet Underground & Nico.*

W

Warhol, Andy (1928-1987)

Entre les personnages que Lou met en scène dans « Walk on the Wild Side », un point commun : si tous et toutes sont des « *superstars* », c'est à Andy Warhol qu'ils et elles le doivent. Un statut précieux – et périlleux - accordé à quiconque est, un jour, apparu dans un film de l'équipe Morrissey/ Warhol ; en faisant d'inconnu(e)s des célébrités, Andy leur offre un ersatz de la notoriété qu'il a, lui, conquise à force de labeur[1] ; à la Factory, la fourmi en chef aime à s'entourer de cigales, au risque de les voir se brûler les ailes.

Woke on the Wild Side

En 2018, *Transformer* fait, aux États-Unis, l'objet d'un livre, signé Ezra Furman ; au chapitre « Walk on the Wild Side », l'auteur, chanteur de son état, redresse quelques torts : « Je me refuse à laisser Lou s'en tirer avec son racisme spontané et sa

1 - Et en dépit d'un notable cumul de handicaps - autoportrait d'Andrew Warhola en jeune homme, revu et chanté par Lou : « *bad eyes, gay and fatty...* », myope, homo et gros lard (« Small Town », 1990).

misogynie. De mon point de vue, quand on respecte quelqu'un, on lui demande de rendre des comptes à propos de ses attitudes de merde... » - un réquisitoire courageux, d'autant qu'il intervient cinq ans après le décès de l'accusé.

Woodlawn, Holly (1946-2015)

Par ordre d'entrée en scène, la première des filles de « Walk on the Wild Side » - et celle qui, pour devenir à New York héroïne de chanson, a parcouru le plus long chemin. Car, avant de quitter la Floride, de faire du stop et d'en route dire adieu à ses sourcils comme au genre qui lui fut assigné à la naissance – « *Holly came from Miami F.L.A. / Hitch-hiked her way across the USA / Plucked her eyebrows on the way / Shaved her legs and then he was a she...* » -, Haroldo Santiago Franceschi Rodriguez Danhakl a vu le jour à Porto Rico, a découvert gamin les États-Unis et y a développé un goût précoce pour le *wild side ;* plus que le lycée, il fréquente à seize ans les trottoirs, et y enchaîne les passes - un bagage éducatif précieux ; à New York aussi, il faudra gagner sa vie. Le cinéma, une caverne d'Ali Baba, où scintillent des promesses d'identité nouvelle ; au sortir d'une projection de *Breakfast at Tiffany's* - en V.F., *Diamants sur canapé,* Blake Edwards, 1962 - Richard a un nouveau prénom ; sous l'égide d'Audrey Hepburn/

Holly Golightly, *il* sera lui aussi Holly, et *elle* aussi aura droit à des bijoux. En attendant, les wagons de métro servent de lit et les toilettes de gares une salle de bains ; la rage de vivre, le *speed* l'alimente et les copines sont là pour la partager – y compris dans des rôles de théâtre, auxquels la petite troupe doit d'attirer l'attention d'Andy Warhol(*cf. Curtis, Jackie*) ; survoltée sur scène, Holly l'est, dans *Trash,* plus encore à l'écran ; après l'y avoir vue improviser ses reparties – et voler la vedette à Joe Dallesandro - George Cukor milite pour qu'elle soit nominée aux Oscars, cuvée 1970.
À la cour du roi Andy, il y a les princesses et les souillons. Ou, à tout le moins, une aristocratie et une roture ; d'un côté Edie Sedgwick et Baby Jane Holzer – l'une comme l'autre belle, blonde et admirablement mise en chanson, la première par Lou dans « Femme Fatale », la seconde par Bryan Ferry dans « Virginia Plain » -, de l'autre Holly et ses copines, trop fouteuses de souk pour ne pas faire tache. Coup de chance : quand, après le tournage d'un deuxième film[2], les portes de la Factory se ferment, un couplet ouvre, à lui seul, celles de l'immortalité ; grâce à « Walk on the Wild Side », jamais Holly ne retombera dans l'anonymat – un sort dont son culot suffirait à la préserver ; quand elle fait un séjour en prison, c'est pour, dans

2 - *Women in Revolt,* 1971 (*cf Curtis, Jackie*)

l'enceinte des Nations Unies, s'être faite passer pour l'épouse de l'ambassadeur de France… Des histoires de ce genre, Holly en a plein sa trousse à maquillage ; sur les plateaux de télé ou sur les scènes de cabaret où elle chante et danse, son répertoire d'anecdotes enchante et émoustille – épatante en live, la formule fonctionne également à l'écrit ; en 1991, une autobiographie intitulée *A Low Life in High Heels* propose un exubérant concentré de *trash attitude*, côté coulisses et nerfs en crise.

Les souvenirs, un providentiel pactole : au début du troisième millénaire, Holly, réfugiée à Los Angeles, y devient la mémoire vivante d'une planète éteinte. Place à la nostalgie ; en 2007 et dans les colonnes du *Guardian,* son arrivée à Times Square se fait au son des violons : « la première fois que j'ai vu New York, j'ai cru que les trottoirs étaient faits de diamants, à cause des éclats de mica qui brillaient dans l'asphalte » ; entre celles et ceux qui ont cru au mirage – et survécu à sa dissipation -, des liens indéfectibles ; durant les dernières heures de Holly, Little Joe est, comme dans « Walk on the Wild Side », à ses côtés.

> *Bonus Track 1 :* littérature, le retour. Avant de devenir héroïne de film, Holly Golighly est née dans un mini-roman new-yorkais de Truman Capote, *Breakfast at Tiffany's* (1959) ; en cent pages devenues cultes, une évadée du Texas y vide les portefeuilles et moissonne les cœurs – le *wild side,* versant *uptown.*

Bonus Track 2 : Cat Power ; dans leurs versions cinéma, *A Walk on the Wild Side* et *Breakfast at Tiffany's* ont en commun de débuter ou se conclure par les aventures d'un matou, noir dans le premier cas, d'un roux fort seyant dans le second ; lors de la sortie de *Berlin*, c'est en félin des rues que Lou se réinvente - « *I'm just like an alley cat* », dans « Oh, Jim ».

X

X-rated

Lou a la mémoire longue et la rancune coriace : un lendemain de Noël (*cf. Tots*), il revient, face à un micro, sur les malheurs que lui valut l'une de ses toutes premières chansons - « Ouais, elle est toujours là. Figurez-vous que, dans les temps anciens, non seulement elle était interdite, mais, à cause d'elle, les autorités refusaient d'accepter des publicités pour notre album. Et aujourd'hui, nous voici sur le point de la jouer à la radio. Plutôt marrant, non ? Ok, on y va, elle s'appelle "Heroin" et voici sa version rock… » Derrière l'humeur badine, le fait que non seulement Lou et son groupe de gamins s'apprêtent à interpréter un classique du Velvet, mais qu'en plus ils vont, d'ici dix minutes, passer à « Walk on the Wild Side » - une chanson dont chaque diffusion enfonce un clou dans le cercueil de la censure ; des victoires sur le vieux monde, il y en aura d'autres, mais celle-ci est la première, et la plus éclatante aussi.

> *Bonus track* : signe des temps - en 2004, un photographe de *Vanity Fair*, Timothy Greenfield-Sanders, publie un ouvrage intitulé *XXX 30 Porn-Star Portaits* ; en sus des clichés promis, une foule d'essais, confiés à des têtes pensantes (Salman Rushdie) ou des esprits fantasques (Jon Waters) ; l'un d'eux, signé Lou, collecte des pourriels pornographiques, piochés dans une boite mail. En 2006, le livre devient documentaire : sur les *extras* de *Thinking XXX : Extended Cut,* Lou se charge, entre hiératisme et éclats de rire, de lire des extraits de son texte - l'anatomie intime dans tous ses états, avec une richesse d'activités, de termes et de tournures proprement inouïe.

Y

Y être – ou ne pas y être

Dilemme. Dans les pages du *Melody Maker,* une même annonce pour deux spectacles – à ma gauche, Lou Reed ; à ma droite, Iggy Pop, « *from USA, 1st*

London appearance » *;* programmés un vendredi et un samedi de juillet, les concerts doivent débuter à l'heure du crime et se terminer à celle du laitier, *midnight to 6 AM.* Car c'est ainsi que les choses se passent, à Londres, en 1972 : les débuts des artistes américains les plus attendus de l'été, c'est devant un public de semi-zombies qu'ils auront lieu – la faute à la vogue des *all-nighters,* ces marathons musicaux ayant pour effet de séparer le bon grain de l'ivraie, le *speed freak* pur et dur et le touriste égaré. Et si un *all-nighter,* ça va, deux d'affilée, c'est le jet-lag assuré, d'où la nécessité de faire un choix ; comme mon copain Christian et moi sortons d'un concert qui, lui, a été celui de l'année – et de quelques autres -, c'est Lou qui l'emporte : un homme dont Ziggy Bowie fait sur scène l'éloge, suivi, en guise de *teaser*, d'une fantastique interprétation d'une chanson elle-même fabuleuse, on s'en voudrait de passer à côté.

Tant pis pour Iggy ; à cause de « I'm Waiting for the Man », je rate l'occasion de voir en action les Stooges de *Raw Power ;* dans le match New York – Detroit, j'ai, à vingt ans, choisi mon camp.

> *Bonus track* : Deux concerts, deux pochettes mythiques ; entre celle de *Transformer* et celle de *Raw Power,* l'une comme l'autre ornée d'une photo prise au King's Cross Cinema - aujourd'hui Scala -, le cœur des *glam kids* balance à jamais.

Zoo

Scoop : aussi dépourvu d'affects que son image publique le fasse paraître, Lou est, à ses heures, capable d'avoir la fibre nourricière. En atteste la face B de « Walk on the Wild Side », où le bonheur passe par le don de friandises, « *Just a perfect day / Feed animals in the zoo » ;* faisant mentir le refrain de l'une de ses premières et plus burlesques chansons – « *Never get emotionally involved / With a man or woman or beast, or a child... »,* dans « The Buttercup Song », 1965 -, Lou est, en fait, capable d'une fidélité totale et absolue, envers les quadrupèdes du moins. Entrent en scène Seymoure, The Duke, The Baron et Lolabelle, les chiens bien-aimés qui partagèrent sa vie ; en 2010, Lou et Laurie Anderson, organisent, sur les marches de l'opéra de Sydney, un concert « inter-espèces ; dans le public, des toutous de toute taille ; inspiratrice de la musique, la chienne du couple. Qui, aux dires de Laurie, avait un faible pour « les mélodies apaisantes mais non dépourvues de rythme. »

Bonus track 1 : Doté, le « e » final en plus, d'un nom tiré de l'œuvre de J. D. Salinger – où le trop sensible

Seymour Glass finit, dans *Un jour rêvé pour le poisson-banane,* par mettre fin à ses jours -, le chien Seymoure figure, en compagnie de Lou et de sa sœur Bunny, sur des photos de jeunesse singulièrement parlantes ; devenue Merrill, Bunny les publiera lors de l'intronisation de son frère au Rock and Roll Hall of Fame. The Duke et The Baron sont, pour leur part, les deux teckels de Lou période Rachel/*Coney Island Baby ;* dans son *Journal,* Andy Warhol, qui a les mêmes, les trouve « *adorables* ».

Bonus track 2 : durant l'après-midi dont s'inspire « Perfect Day », Lou fait visiter à sa fiancée la ménagerie de Central Park. Pour, devant la cage aux fauves, lui ouvrir son cœur : s'il devait être un animal, ce serait, sans discussion possible, un tigre – le *wild side,* c'est super, à condition d'y trôner au sommet de la chaîne alimentaire.

Bibliographie sélective

Algren, Nelson – *A Walk On The Wild Side*, Farrar, Straus and Cudahy, 1956

Bockris, Victor – *Lou Reed*, Hutchinson, 1994

DeCurtis, Anthony - *Lou Reed, A Life*, Little, Brown and Company, 2017

DeRogatis, Jim – *The Velvet Underground, An Illustrated History of a Walk on the Wild Side*, Voyageur Press, 2009

Doonan, Simon – *Transformer, A Story of Glitter, Glam Rock & Loving Lou Reed*, HarperCollins, 2022

Fletcher, Tony – *All Hopped Up and Ready to Go*, Norton, 2009

Furman, Ezra – *Transformer*, Bloomsbury Academic, 2018

Gorman, Paul – *The Rise and Fall of the Music Press*, Thames & Hudson, 2022

Hermes, Will – *Lou Reed, The King of New York*, Viking/Penguin, 2023

Hoskyns, Barney – *Glam! Bowie, Bolan and the Glitter Rock Revolution*, Faber & Faber, 1998

Jones, Dylan – *Loaded, The Life (and Afterlife) of The Velvet Underground*, White Rabbit Books, 2023

Kent, Nick – *The Dark Stuff*, Penguin, 1994

Kronstad, Bettye – *Perfect Day, An Intimate Portrait of Life With Lou Reed*, Jawbone Press, 2016

Kuelberg, Johan – *The Velvet Underground*, New York Art, Rizzoli, 2009

Levy, Aidan – *Dirty Blvd., The Life and Music of Lou Reed*, Chicago Review Press, 2016

McLeod, Kembrew – *The Downtown Pop Underground*, Abrams Press, 2018

McNeil, Legs & McCain, Gillian – *Please Kill Me*, Grove, 1996
Reed, Lou – *Pass Thru Fire, The Collected Lyrics*, Hyperion, 2000
Reed, Lou – *Do Angels Need Haircuts*, Anthology Editions, 2018
Reed, Lou – *The Art of the Straight Line*, My Tai Chi, Faber & Faber, 2023
Reynolds, Simon – *Shock and Awe, Glam Rock and its Legacy*, Faber & Faber, 2016
Roberts, Chris – *The Velvet Underground*, Palazzo, 2022
Robinson, Lisa – *There Goes Gravity, A Life in Rock and Roll*, Riverhead Books, 2014
Rock, Mick – *Glam! An Eyewitness Account*, Omnibus, 2013
Sewal-Ruskin, Yvonne – *High on Rebellion, Inside the Underground at Max's Kansas City*, Thunder's Mouth Press, 1998
Somma, Robert – *No One Waved Good-Bye, a casualty report on rock and roll* Outerbridge & Dienstfrey, 1971
Sounes, Howard – *Notes From the Underground, The Life of Lou Reed*, Doubleday, 2015
Stanfield, Peter – *Pin-ups 1972, Third Generation Rock'n'Roll*, Reaktion Books, 2022
Trynka, Paul – *Starman, David Bowie The Definitive Biography*, Sphere, 2011
Unterberger, Richie – *White Light/White Heat, The Velvet Underground Day-By-Day*, Jawbone, 2009
Woodlawn, *Holly & Copeland, Jeffrey – A Low Life in High Heels, The Holly Woodlawn Story*, St Martin's Press, 1991

Disponible aux éditions du boulon :

Dreamworld ou la vie fabuleuse de Daniel Treacy par Benjamin Berton, 2020
Ian Curtis – Twenty Four Hours par Diego Gil, 2020
Les Thugs – Radical History par Patrick Foulhoux (Préface de Virginie Despentes), 2020
Mark Hollis ou l'art de l'effacement par Frédérick Rapilly, 2021
Listen to Me – Un portrait de Buddy Holly par Alain Feydri, 2021
Dictionnaire passionné de la new wave par Pedro Peñas Y Roblès, 2022
REM – Remember Every Moment par Thierry Jourdain, 2022
Lee Hazlewood – L'homme qui faisait chanter les femmes par Christophe Deniau, 2022
In Felt We Trust – Handmade recreations for music lovers par Elsa Kuhn, 2022
Factory Records – Une Anthologie graphique par Matthew Robertson (Préface de Tony Wilson), 2022
Scott Walker – Chronique d'une obsession par François Gorin, 2023
Curtis Mayfield – Move On Up par Nicolas Sauvage, 2023
Close Up Daniel Darc – Je me souviens, je me rappelle par Marc Dufaud, 2023
Le Monde fabuleux de Kurt Cobain par Marc Dufaud, 2024
Paris, Moon par Merle Leonce Bone et Brisa Roché, 2024
My Bloody Valentine - Tempus Fugit par Thierry Jourdain, 2024
Jane Birkin - La Petite Anglaise par Raechel Leigh Carter, 2024
My Back Pages - Dylan et eux par François Gorin, 2024

Dans la collection seveninches :
The Smiths – Hand In Glove par Nicolas Sauvage, 2023
New Order – Blue Monday par Frédérick Rapilly, 2023
Kraftwerk – Trans-Europe-Express par Thomas Gaetner, 2023
The Pogues – Fairytale Of New-York par Yann Liotard, 2024
David Bowie – Ashes To Ashes par Marc Dufaud, 2024
Jean-Louis Murat – Foule romaine par Antoine Couder, 2024
The Troggs - Wild Thing par Alain Feydri, 2024
The Sparks - This Town Ain't Big Enough For Both Of Us par Jean-Emmanuel Deluxe, 2024
Bruce Springsteen - Born In The USA par Thierry Jourdain, 2024

David Bowie – Ashes To Ashes par Marc Dufaud, 2024

extrait :

CHAPITRE 1
Strung Out In Heaven's High

J'ai eu un rapport très compliqué avec Bowie. Le nom m'était familier depuis l'enfance par la télé dont je faisais une consommation effrénée. Je l'avais vu plusieurs fois au JT d'Yves Mourousi ou chez Michel Drucker. Sans rien comprendre à ce qu'il incarnait, j'étais intrigué par la déférence avec laquelle il était reçu. J'ai vérifié les dates pour ce livre : le 18 mai 1976 il est chez Mourousi pour son premier concert à Paris. Il y revient en juin 1977 à la sortie de *L'Homme qui venait d'ailleurs*. En octobre de la même année, Drucker le reçoit (« Heroes »). Il y a eu aussi ce long reportage consacré à la présidente de son fan-club français, une sexagénaire aux allures de concierge recluse dans son petit appartement aux murs recouverts de posters de Bowie. En allant m'inscrire au fan-club Elvis je serais reçu dans le même genre de galetas parisien par une vieille dame, la mère du président. Même misère affective et sociale que je ne formulais pas en ces termes mais qui me marqua. Le temps passant j'ai fini par me demander si le souvenir de ce reportage n'était pas un peu frelaté. Et puis, miracle de l'internet, j'en ai retrouvé la trace sur le site de l'INA et finalement mon souvenir était précis.

Entre 1971 et 1980, Bowie a publié le nombre insensé de onze albums tous incontournables, tous pierres de touches de la musique rock. Un cas unique qui force le respect. Personne ne peut prétendre avoir eu plus d'influence que Bowie sur l'esthétique occidentale après 1970. L'image s'est brouillée à partir de 1983. Son retour gagnant le plaça parmi les quinze superstars de la décennie. On lui pardonna mal d'avoir troqué son sens aventureux borderline, son ambiguïté contre cette « normalisation ».

Après *Tonight*, Bowie a empilé les hits singles, les films, les guests et autres performances mainstream parfois consternantes comme ce duo avec Jagger qui nous vaudra un clip aussi bondissant qu'absurde. Des clips qui d'ailleurs tournaient en rotation intensive jour et nuit sur TV6 (« Underground », « This Is Not America », « Absolute Beginners »). Bowie était devenu une superstar mainstream – « Beau comme Bowie » – en s'adaptant à son époque, exactement le contraire de tout ce qu'il avait fait jusque-là. Ça ressemblait à un reniement. Du moins c'est ainsi que je le voyais. J'allais même prendre en grippe la méga-star, stigmatisant l'habile faiseur d'autrefois vampirisant Lou Reed et Iggy pour les rendre acceptables. Bref j'échangeais une caricature contre une autre.

Sa prestation au Live Aid avait été, et de loin, la meilleure du lot, classieuse, bien au-dessus de l'hystérie compassionnelle d'un Bono et des vocalises égotiques d'un Freddy Mercury. Oui, mais c'est sa participation à cette monumentale comédie en Mondovision qui faisait masse. Le Live Aid venait d'offrir au rock'n'roll un enterrement de première classe en le livrant au bizness tout puissant.

Bien entendu les années quatre-vingt ont été un point critique pour l'ancien Ziggy, mais le phénomène aux allures de malédiction a touché à peu près tous les musiciens de sa génération, Dylan en tête. Bowie en parle comme « ses années Phil Collins ». Et là encore rétrospectivement tout n'est pas à jeter : « Loving The Alien », « Blue Jean », « Absolute Beginners », les singles de *Never Let Me Down* sont d'excellents titres. Le film *Labyrinth* qui eut à souffrir de la comparaison avec *Dark Cristal* est devenu culte. On peut citer le *Blah Blah Blah* d'Iggy qu'il a coécrit et produit. Jamais Iggy Pop n'a refait un album de cette trempe. *Brick By Brick* a fait illusion simplement parce que la critique avait choisi de l'encenser pour mieux tirer à boulets rouges sur Tin Machine, faisant de l'Iguane un anti-Bowie bon marché !

J'ai tenté ma chance à nouveau en 1987 avec *Never Let Me Down* présenté comme un retour à l'expérimental au moment où la presse spécialisée réduisait l'ex-novateur au rang de blague. Le clown dérangeant de « Ashes To Ashes » faisait maintenant du skate board dans ses clips en grattant une affreuse guitare étêtée sur « Time Will Crawl » véritable plagiat de la vidéo de « Let's Dance ». J'ai poussé le vice jusqu'au premier Tin Machine, malgré la moustache, qui m'a fait regretter *Never Let Me Down* et puis j'ai lâché l'affaire pour les vingt années suivantes.

Par une étrange synchronicité, quelques mois avant la parution de *The Next Day*, je me suis replongé dans l'intégralité des albums de Bowie après avoir entendu *Hours* sorti en 1999. La critique a été plutôt sévère à son endroit mais l'album me parlait alors. Certes, il « souffre » d'une certaine monotonie (ceci dit reproche-t-on à Bill Callahan ou Father John Misty leur folk narcoleptique ?) mais l'album suivant, lui, est à ranger parmi les chefs-d'œuvre de Bowie : pour autant à sa sortie *Heathen* n'a pas réellement intéressé la critique musicale qui snobera le sublime « Slow Burn » au prétexte de sa gémellité supposée avec « Heroes ». Bien sûr, Bowie a fait alors la une un peu partout mais l'album en était réduit à un simple alibi permettant d'accéder à son auteur pour l'interroger sur son passé pour la millième fois. Stupide, cette tendance des médias à ne plus se donner la peine d'écouter les productions d'artistes installés et consacrés selon le principe qu'ils ne peuvent rien produire d'équivalent au corpus de leur jeunesse ! Parce qu'en réalité *Heathen* n'a rien à envier à *The Next Day*. Sauf que *The Next Day* s'est fait attendre dix ans ce qui lui a valu d'être présenté comme « Le meilleur album depuis... *Scary Monsters* ! ».

Achevé d'imprimer en septembre 2024
par l'imprimerie
CPI pour le compte
du boulon / Platinum Books
57, rue Pixérécourt
75020 Paris
leboulon.net

Numéro d'impression : 2080272
Dépôt légal : octobre 2024

Imprimé en France